4·16구술증언록 단원고 2학년 7반 제3권

그날을 말하다

동수 엄마 김도현

4·16구술증언록 단원고 2학년 7반 제3권

그날을 말하다

동수 엄마 김도현

4·16기억저장소 기획 편집

(사) 4·16세월호참사가족협의회 지원 협조

한울

일러두기

1. 음절로 식별 가능한 소리를 들리는 대로 전사하는 것을 원칙으로 한다.
2. 의미를 파악하기 위해 추가 설명이 필요할 경우 [ ]로 표시한다.
3. 몸짓, 어조 등 비언어적 행위는 ( )로 표시한다.
4. 구술자가 말을 잇지 못해 말줄임표를 사용하는 경우 ……, …로 길고 짧음을 표시한다.
5. 비공개 영역은 〈비공개〉로 표시한다.
6. 비공개해야 하는 희생자 형제자매의 이름은 ○○, △△ 등의 도형기호로, 생존자의 이름은 A, B, C 등 알파벳 대문자로 표시한다.
7. 비공개해야 하는 제3자는 직분이나 소속, 성만 공개하고, 이름은 ××로 표시한다. 비공개해야 하는 숫자는 자릿수에 상관없이 □로 표시하며, 지명은 □□로 표시한다.

4·16기억저장소에서는 세월호 참사 5주기를 맞아 구술증언 수집 사업의 결과물 일부를 100권의 책으로 발간하게 되었습니다. 이 사업은 2015년 6월부터 다양한 학문 분야 구술 연구자들의 자발적인 참여로 진행되어 왔으며, 세월호 참사를 좀 더 정확하고 다각적으로 기록하고 기억하고자 하는 노력의 일환으로 수행되었습니다.

2014년 참사 발생 이후, 참사 피해자들의 목격담과 경험은 안타깝게도 공식적인 국가기관과 언론의 기록 속에서 철저히 소외되거나 왜곡되었습니다. 그것은 세월호 참사가 우리에게 안긴 죽음과 고통의 충격만큼이나 우리 사회의 끔찍한 비극이었습니다. 따라서 사업을 진행하면서 세월호 참사 희생자 가족, 생존자, 생존자 가족, 어민, 잠수사, 활동가, 기자 등등, 참사의 초기 과정을 직접 경험한 분들의 증언을 우선적으로 수집했습니다. 구술자는 이 사업의 취지와 방식에 개인적으로 동의한 분 중에서 선정했으며, 참여 과정에 어떠한 금전적 보상이나 이익이 제공되지 않았습니다. 또한 구술증언 수집 사업을 진행하는 동안, 면담자는 연구자이자 참사를 겪은 공동체 시민으로서 최대한 윤리적이고자 노력했습니다.

구술자마다 매회 약 2시간씩 3회를 원칙으로 음성 녹취와 영상 촬영을 하는 방식으로 진행되었고, 증언의 일관성을 확보하기 위해 면담자는 큰 틀에서 공통 질문지를 사용했습니다. 공통 질문지의 내용은 참사와 구술자 간의 관계성에 따라 차이가 있지만, 유가족 구술의 경우 1회차 '참사 이전의 삶, 팽목항과 진도에서의 경험, 자녀에 대한 기억'을, 2회차 '참사 이후 투쟁과 공동체 활동 경험'을, 3회차 '참사 이후 개인 및 가족이 경험한 삶의 변화와 깨달음, 자녀의 현재적 의미'를 중심으로 했습니다. 이처럼 증언 내용은 참사 이전에서 시작해 참사 발생 당시의 경험과 이후의 변화 과정까지 폭넓게 수집했고, 면담자는 구술 채록 과정에서 구술자의 발화를 최대한 존중하고자 했으며, 무엇보다 각자의 특수한 경험과 다른 시각을 충실히 반영하고자 했습니다.

이 구술증언록의 발간을 위해, 채록된 음성 자료는 문서로 변환해 구술자와 함께 검토했고, 현재 시점에서 공개할 수 있는 영역과 할 수 없는 영역으로 구별했습니다. 따라서 책에 실린 내용은 모두 구술자로부터 공개를 허락받은 부분입니다. 비공개 영역은 추후 구술자의 동의를 받아 적절한 절차를 거쳐 추가로 공개될 수 있으리라 생각합니다.

이 구술증언록 100권에는 그동안 우리 사회에 왜곡되어 알려지거나 잘 알려지지 않았던, 참사 발생 직후 팽목항과 진도 혹은 바다에서의 초기 상황에 관한 중요한 증언이 포함되어 있습니다. 또한, 자녀를 잃는 잔인하고 애통한 상황을 겪으면서도 그 누구보다 강인한 정치적 주체로 성장할 수밖에 없었던 유가족의 마음과 경험을 구체적으로, 그리고 여러 각도에서 살펴볼 수 있습니다. 그 외에도, 이 구술증언록은 2014년을 전후한 한국 사회의 여러 측면을 드러내는 귀중한 자료가 되리라고 생각합니다. 무엇보다 국내외의 많은 분이 이 책을 읽어, 장차 세월호 참사의 진상 규명과 역사 서술에 기여할 수 있기를 바랍니다.

구술증언 수집 사업이 진행되고, 책으로 출간되기까지 많은 분의 도움과 지지가 있었습니다. 이 지면을 빌려 부족하나마 감사의 말씀을 전하고자 합니다.

먼저 (사)4·16세월호참사가족협의회와 4·16기억저장소에 감사를 드립니다. 이분들의 신뢰와 적극적인 협조가 없었다면, 이 사업은 처음부터 시작할 수조차 없었을 것입니다. 또한 어려운 정치 환경 속에서도 사업의 취지에 공감해 재정 지원을 결정해 준 아름다운가게와 역사문제연구소에 감사드립니다. 두 단체 덕분에, 이 사업을 4년 동안 계속해 올 수 있었습니다. 그리고 구술증언록 100권의 발간에 동의하고, 바쁜 일정에도 출판 실무를 기꺼이 맡아주신 한울엠플러스(주)에도 감사를 드립니다. 이 외에도 많은 개인과 단체가 직간접적으로 많은 도움을 주시고 격려해 주셨습니다. 여기에 모두 밝히지 못하는 것을 죄송하게 생각합니다.

말할 필요도 없이, 가장 크고 또 가슴 아픈 감사는 구술자 한 분 한 분께 드리고자 합니다. 이 책이 발간될 수 있었던 것은, 무엇보다 용기를 내어 아픔과 고통의 기억을 다시 떠올리고 장시간 진심으로 이야기를 해주신 구술자가 있었기 때문입니다. 오랜 시간 이야기를 나누며 함께 공감하기도 했지만, 그 아픔과 고통을 어떻게 가늠할 수 있을까 싶습니다. 더 큰 도움이 되지 못함을 안타까워하며, 이 구술증언록 100권의 발간이 피해자분들에게 조금이라도 위로가 될 수 있기를 기원합니다.

2019년 4월

4·16기억저장소 구술팀 책임자
서울대학교 인류학과 교수 이현정

차례

■ 1회차 ■

■ 2회차 ■

■ 3회차 ■

동수 엄마 김도현

구술자 김도현은 단원고 2학년 7반 고 정동수의 엄마다. 동수는 키도 크고 덩치 좋고 힘도 셌지만, 마음이 고와 친구들을 잘 보듬을 줄 아는 아이였다. 엄마는 든든하고 믿음직한 동수와 함께라면 그 어떤 것도 무서울 것이 없었다. 엄마는 그런 동수를 앗아간 자들이 누구인지를 밝히기 위해 유가족들과 함께 투쟁에 나섰고, 지금은 가족 연극단 '노란리본'의 단원으로도 활동하고 있다.

김도현의 구술 면담은 2016년 1월 14일, 2월 1일, 22일, 3회에 걸쳐 총 5시간 20분 동안 진행되었다. 면담자는 박여리, 촬영자는 박여리·김솔이었다.

구술자 본인의 프라이버시나 제3자의 프라이버시를 보호해야 할 부분을 제외하고는 구술자의 발화를 있는 그대로 전사했다.

1회차

2016년 1월 14일

1
시작 인사말

면담자 본 구술증언은 4·16 사건에 대한 참여자들의 경험과 기억을 기록으로 남김으로써 이후 진상 규명 및 역사 기술에 기여하고자 합니다. 지금부터 김도현 씨의 증언을 시작하겠습니다. 오늘은 2016년 1월 14일이며, 장소는 안산시 단원구 정부합동분향소 내 불교방입니다. 면담자와 촬영자는 박여리입니다.

2
구술 참여 이유

면담자 구술증언을 하시게 된 계기는 무엇인가요?

동수 엄마 저번에 광화문 갔을 때 구술증언 있다고 그래 가지고 얘기 듣고 신청했어요.

면담자 어느 분께 들으신 거예요?

동수 엄마 여기 기록 담당하시는 분, 성함은 잘 모르겠는데.

면담자 참여하시게 된 이유는 무엇인가요?

동수 엄마 더 늦으면 저조차도 잊어버릴까 봐. 제가 무슨 일을 했고 그때 무슨 일이 있었고 기억은 있겠지만, 자료 남기지 않으면 그렇잖아요. 그냥 막연히 이런 게 될까 봐 참여하게 됐어요(혀를 차며).

면담자 그러면 이런 기록들이 어떤 나중에 어떻게 사용되기를 바라시나요?

동수 엄마 있는 그대로 봤으면 좋겠고 사용됐으면 좋겠고. 아픈 과거지만, 지금 벌써 과거가 됐잖아요, 진행형이기도 하지만. 잊지 않았으면 좋겠어요. 그냥 이대로 기억됐음 좋겠고 사용됐음 좋겠고, 이런 일이 잊혀지면 안 되지만, 그렇다….

면담자 왜 잊혀지면 안 된다고 생각하시나요?

동수 엄마 남기지 않으면 잊혀지잖아요, 솔직히 저조차도 잊혀지는데. 그니깐 당연히 내 아이는 [기록을 남기면] 잊혀지지 않겠죠. 그치만 그 기록들, 사건들, 그때 있었던…, 아직까지 그러잖아요. 구두로 해봐야 필요 없잖아. 지금 우리가 작년, 재작년이었지만 구두로 한 거는 다 필요가 없더라고요. 기록 남기지 않으면 증거도 안 되고, 아무것도 안 되고 자료도 없고 그래서 필요하다고 생각은 해요, 자료가.

면담자 진상 규명에 증거로 필요하다고 생각하시는 건가요?

동수 엄마 네, 그렇죠.

3
4·16 참사 이전의 삶

면담자 그럼 4·16 이전에 어떻게 살아오셨는지 여쭤보려고 합니다. 처음 안산에 언제 오셨나요?

동수 엄마 [19]97년도예요.

면담자 어떤 계기로 오신 건가요?

동수 엄마 동수 아빠랑 결혼하면서 천안서 안산으로 오게 됐어요. 96년도에 올라와서 97년도에 동수 낳고 그래서 안산[에] 정착하게 됐어요.

면담자 천안에서 태어나신 건가요?

동수 엄마 네, 천안에서. (면담자 : 고향이 천안?) 아니요, 고향은 전라도 고창이고 천안에서 일했고 친구 소개로 안산에 남편 만나게 됐고 그래서 안산 정착하게 됐구.

면담자 천안에 계실 때는 무슨 일 하셨어요?

동수 엄마 삼성반도체에서 제품 만들었어요. 삼성에 있었어요, 삼성에서 반도체 있잖아요, 그거 만드는 공장.

면담자 결혼하시면서 안산으로 오셨다고 했는데 결혼 후에는 어떤 일을 하셨나요?

동수 엄마 97년도에 와서 동수 낳고 동생 99년도에 낳고, 그러다가 애만 키우다가 그 뒤로 일을 하기 시작했어요. 둘째가 5살 때부터 일은 많이 했는데 그 전에는 잠깐 파트타임 하다가 2000년도였나? 2000년도였던 거 같아요. 안산에 코리아써키트라고 거기서 일을 했는데 거긴 PCB 회사예요. PCB 검사를 했어요. 완제품 이렇게 PCB가 있으면 나가기 전에 검사해서 나가는 완제품. (면담자 : 검사하는 일을 하신 건가요?) 네, 검사 일을 했어요.

면담자 동수만 키우시다가 둘째 낳고 다시 일을 시작했다고 하셨는데 그때 어떤 계기가 있었던 건가요?

동수 엄마 애들도 컸고, 둘째가 5살 때 나갔으니까 동수가 벌써 7살이잖아요. 동수 어린이집도 가야 되고 둘째도 5살이니까 어린이집 다니고 교육을 해야 되니까, 아빠 혼자 벌어가지고는 힘드니까. 애가 학원 가는 시간이 공간이 있잖아요. 그 공간도 집에서 노는 것보다 같이 맞벌이하는 게 낫겠다 싶어서 맞벌이 시작했죠.

면담자 맞벌이 하셨으면 일상이 되게 바쁘셨겠어요? (동수 엄마 : 네) 보통 몇 시에 일어나셨나요?

동수 엄마 보통 6시 반. 좀 늦게 일어났어요. 저는 6시 반에 인나서[일어나서] 씻고 하고 그러면은 저 씻고 나면 남편 깨우고, 애들은 안 깨워도 잘 인나요(웃음). 6시 반이면 인났고 7시면 거의 집에서 둘 다 나와야 되니까 신랑이랑. 그럼 애들은 지네들끼리 알아서 밥 챙겨 먹고 가요. 애기 때부터 그런 생활 했기 땜에 저녁에 제가 밥만 딱 해놓으면 아침에 애들이 먹고 가고. 그렇게 보냈죠, 계속 최근까지.

면담자 그럼 보통 저녁에는 몇 시쯤 퇴근하셨어요?

동수 엄마 저희 회사가 안산공단 다 그러듯이 정규는 5시 반에 끝나잖아요. 근데 거의 잔업 없는 날이 없어요. 8시 반까지 잔업하고 통근버스 타고 오고 하면은 집에 오면 9시 반. 네, 9시 반에 치우고 뭐 하고, 또 반찬 해놔야 다음 날 아침에 밥을 먹으니까 해놓고 그런 생활 반복이었죠.

면담자 늦게 오시는 날이 많으면 대화를 할 시간이 없었겠어요.

동수 엄마 네 그렇죠. 대화를 많이 못 했던 거 같아요. 일주일에 한 번 빨리 온다 해도 주말에도 토요일도 일하니까, 그렇게 애들 성장하면서는 대화를 많이 못 했던 거 같아요. 아들하고도 딸이기도 하고[딸하고도], 딸도 있지만 둘 다…. 근데 저희 동수가 말이 많아요, 원래 말이 많아서. 근데 저보다 더 늦게 온 게 동수니까, 집에 오면 11시 넘으니까 11시 40분, 30분 됐던 거 같아요, 집에 오면 고등학교 때.

면담자 야자 때문에 그런가요?

동수 엄마 아니, 야자는 안 했어요. 거의 안 했는데, 야자는 일주일에 한 번 두 번 했을 거고, 학원 다니고 학원 끝나면 저희 집이 시화다 보니까, 최근에 안산 넘어오긴 했는데 시화였어요. 원래 안산 살다가 시화로 넘어갔고, 동수가 고1 때 8월 달에 이사를 갔어요, 시화로. (면담자 : 통학하는 데 40분 정도 걸렸겠네요) 네. 40분 동안 그러다 보니까 다른 애들보다 항상 늦게, 같은 시간에 와도 늦었던 거죠. 늦게 와도 조금씩은 한 10분, 5분씩 그래도 잠깐잠깐 얘기는 하는데 말이 많으니까, 그래도 많이 못 했죠. 아무래도 다 늦다 보니까 걔도 힘들고 저도 마찬가지고.

면담자　　그럼 토요일까지 일하셨나요? (동수 엄마 : 네) 일요일은 어떻게 보내셨나요?

동수 엄마　　일요일은 같이 밥 먹고 저는 저대로 집안일하고. 근데 [평일에] 일찍 못 했던 거 일요일 날 많이 몰아서 하니까, 그래도 저희는…, 모르겠어요, 제가 그랬던 거 같애. 저희 네 식구가 다 게임을 좋아하다 보니까 같이 넷이서 1, 2시간 PC방 가서 PC방에서 같이 온라인게임도 하고, 그러다 어떨 땐 아빠랑 동수만 PC방 가고 저는 딸[이랑] 집에서 셋이서 온라인게임도 하고 그런 시간 좀 많이 보냈던 거 같아요, 주말엔. (면담자 : 같이 게임을 하셨어요?) 같이 게임을 했었어요. 그러면서 게임 대화 해봤자 우리 대화는 별로 안 하잖아요. 그런데도 지금 생각해 보면 좋았던 거 같아, 잘한 거 같아 그거라도 했던 게. 마지막에 동수랑 같이했던 게임이 그건데, 뭐지? 지금도 제가 게임 가끔 들어가요. '별이 되어라'인가 있는데 그냥 가면은 아들 캐릭터가 있잖아요, 제가 볼 수 있잖아요. 그럼 가슴이 아프고 근데도 가끔 들어가요. 일부러 봐, 흔적이 있으니까.

면담자　　보통 어머님들은 게임을 못 하게 하시던데.

동수 엄마 　　아, 근데 저희는 못 하게 안 했던 거 같아요. 너무 많은 장시간은 아니지만 컴퓨터 하는 시간도 딱 2시간 정해놓으면, 그걸 정해서 해놓으면 우린 아들, 딸이 있잖아요. 둘이 욕심 많아갖고 꼭 지들끼리 싸워요. 그니까 시간 안 지키면 난리 나 [둘 중] 하나가. 그니까 꼭 지켜야 되는 거야, 둘이 그렇게 했었고. 저희 집은 네 식구가 다 바쁘다 보니까 주중에도 컴퓨터 같은 건 1시간 정해놓으면 그냥 지네들끼리 시간 잘 정하고 하더라고. 안 그러면, 딸이 사납거든요, 오빠 길게 하면은 난리 나. 지가 길게 하면 오빠가 난리 나니까 지네들끼리 지키는 거야. 싸워대니까 그랬던 거 같아요, 우리는.

면담자 　　같이 게임하시면서 기억에 남는 일 있으세요?

동수 엄마 　　지금 머리에 남는 게 별로 없어 가지고(한숨). 기억에 남는 건 다른 건 없는 거 같아요. 그냥 우리 동수, 우리는 솔직히 엄마, 아빠가 게임을 해두요 그냥 막말로 진짜 노가다지. 그냥 계속 몸으로 하는 거 하거든요. 근데 얘네들은 어떻게 알았는지 이벤트 같은 거 있으면 "엄마 이벤트 있어. 이 번호 넣어보세요. 뭐 줘요" 그런 걸 동수가 참 많이 해줬던 거 같아요. 그런 게 좀 남긴 해요. 애들은 알잖아요, 지네들끼리 소통하고 하니까, 그런 거 기억에 남고. 제일 많이 남는 게 네 식구 PC방 가갖고 두루두루 앉아가지고 라면 끓여 먹고 그런 게 남는 거 같애, 기억에. 게임보다도 그러니까 거기 가서 같이 뭐라고 하더라 라면땅인가 뭔가 있대. 즉석 끓여 먹는 거 있다고 하더라고요. 도시락 같은 거 이런 것도 있고 그런 거 같이했던 거 기억나고. 지금은 PC방 근처도 안 가지만 (웃으며) 못 가지(한숨).

이런 집안 없죠? (면담자 : 드물죠) 그러니까 다들 게임 못 하게 하는 집만 있지. 근데 오히려 조금씩 풀어주니까 낫더라구요, 그렇게 막 깊이 빠지지 않고. 동수 고1 때는 지가 게임 만들었다고, 간단한 게임 만들었다고 보여주기도 하고. "엄마, 접속자가 많아" 이러면서 보여주기도 하고 그러더라구요. "좋겠네, 동수 좋겠네, 너" 그랬더니 그냥 뿌듯한 느낌 있잖아요. 그런 것도 본 거 같애, 고1 때. (면담자 : 게임을 직접 만들었어요?) 만드는 어플이 있을 거예요. 그 어플에 자기가 추가, 뭐 추가하고 그러면 애들이 접속하는 게 있나 보더라구요. 뭐 프로그램 다 만들진 않았겠지, 그런 어플 받았겠지. 근데 그러더라고, 자기가 만든 게임에 "여기 사람들, 접속자가 있다"고 좋아라 하더라고.

4
동수의 장래 희망

면담자 동수의 장래 희망이 컴퓨터 관련이었나요?

동수 엄마 동수의 꿈은 애가 이과잖아요. 그래 갖고 게임 쪽이 아니고 얘는 동아리가 로봇 동아리였어요. 뭐 만들고, 원래 만드는 거 좋아했고. 그러고 꿈은 그쪽이었어요, 로봇공학자 같은 그쪽으로. 그러니까 기계 만들고….

면담자　동아리 활동 되게 열심히 했나 봐요?

동수 엄마　네. 제 기억에는 계속 동아리에 있긴 있었지만 2학년 때 로봇 동아리 들어가면서 더 열심히 했던 거 같아요. 집안 행사 있고 놀러 갈 때도 주말인데 안 가고 지 거기 가야 된다고, "선배랑 약속 있다"고 곧 출품한다고 그랬었거든요. 작품 대회 있다고 그래서 지금 바쁘다고 안 된다고 "엄마 나 못 간다"고 그래 가지고 열심히 했던 거 같애요(한숨). 그게 지금 집에 있는데 로봇을 갖다 놨어요, 학교에서 찾아다가 달라 그래 가지고. 근데 잘 만들었더라고.

면담자　무슨 로봇인가요?

동수 엄마　근데 저희가 봐서는 모르겠어요. 무슨 자동차 같은데 포클레인 같기도 하고. 자동차 같은 건데 전동차인 거 같애요. 전기 그니까 뭐 누르면 조작하면 가는 거 같은 건데 우리가 봐서 뭐 아나. 마무리 연결 안 된 거 같더라구요, 눌러도 이렇게 어댑터 이런 게 없더라고요.

5
기억에 남는 동수와의 일화

면담자　게임 말고 어릴 때부터 지금까지 기억에 남는 일화가 있으신지?

동수 엄마　어릴 때부터 그냥 (한숨을 내쉬며) 뭐가 있지?

면담자 어릴 때 어떤 학생이었나요?

동수 엄마 개구쟁이었어요, 되게. 지금 모습이랑 어렸을 때 모습이랑 진짜 틀려요. 동수가 (면담자 : 지금은 키도 크고) 크고 통통하잖아요. 어렸을 때는 야리야리 삐쩍 말랐었어요. 그렇다 보니까 많이 말랐었는데 개구쟁이였고 애들 장난 많이 쳤고 지네 할아버지가 그니까 짓궂다고 맨날 혼내키고…. 그게 사진이 여기 없나? 여기 없나 보다. 그게 가지고 다니는데 (사진을 보여주며) 이게 추석 전일 거예요. 근데 애기 때 이렇게 말랐는데 태권도 그만두고 10살 때 초등학교 3학년 때부터 찌기 시작했어요. 얘가 근데 되게 개구쟁이였어요. 생긴 것도 개구쟁이처럼 생겼잖아요. 근데 걔가 살이 쪄가지고 이미지가 바뀌었지 많이. 얘가 저희 집안 정가 장손이에요. 장손인데 그런 거를 지가 알고 있었어요. 본인이 알고 있어가지고 항상 그걸 염두에 두고 생활했던 거 같애. 동수가 갑자기 어른스러워지더라고요.

면담자 언제부터 어른스러워졌다고 느끼셨어요?

동수 엄마 그게 중학교 2학년, 3학년 때부터 그랬던 거 같애요. 함부로 행동도 안 하고 말 한마디 한마디도, 우리 동수가 엄마, 아빠한테 반말을 안 해요. 꼭 존댓말 쓰거든요. 얘가 가르친 적도 없는데 그러더라고. 그게 아마 중학교 때부터였던 거 같애요, 얌전해지고 동수가 중학교 때부터. 애기 때부터 작진 않았어요. 태어날 땐 작게 났는데 3.0[kg]으로 낳았거든요, 제가. 근데 항상 컸었어요, 키도 크고 말랐어도. 근데 초등학교 때 점 있잖아요, "걔 점돌이"라고 많이 놀림당했고 그러면서 애가 애들이 자꾸 놀리는데도 아무렇지도 않게 다녔었고, 중학교 때 이걸로 잠깐 왕따 아닌 왕따도 당했었는데 중학교 때부터 조금 그걸 벗어난 거 같애요, 왕따 분위기에서. 근데 아토피가 있어요. 애가 또 아토피 있고 점 있고 하니까 애들이 그걸로 왕따시키고 그랬는데 그거를 중학교 때 지가 벗어나면서 성격이 바뀐 거 같애요. 조금 자신감도 생기고 활달해지고 그랬던 거 같애.

그러면서 좀 안정된다 그러죠? 마음이 그런 게 좀 보였던 거 같애. 그게 고등학교 가갖고 확 바뀌었고, 자신감이 어떻게 보면은 중학교 때 벗어나고 고등학교 때 집이 이사 가면서 환경도 바뀌고 그러다 보니까 애가 바뀐 거 같애요. 마음이 더 이렇게 느슨해졌다고 그러죠? 여유도 생기고 1차, 2차 바뀐 거 같애(한숨). 이 점도 뺐어요, 고등학교 때 1학년 때.

면담자　　동수가 빼달라고 하던가요?

동수 엄마　　그 전에도 뺄까 말까 하더니 "뺄래?" 그랬더니 빼고 싶대. 그래 가지고 빼줬는데, 빼놓고 사고 나고 후회했어요, '내가 이걸 건드려서 애가 잘못됐나' 싶어 가지고. 근데 빼주니까 좋아하더라고요. 제가 시화 이사 가서 애한테 고생시켜서 미안했지만 지는 좋아했고 제 방 생겨서.

면담자　　이사 전에 동생 방만 있었던 거죠?

동수 엄마　　네. 여기 살 때는 방 두 칸이다 보니까, 처음에는 애기 때야 뭐 둘이 같이 재우고 저랑 같이 자고 했지만 커놓으니까 우게가[위가] 머슴아다 보니까 그렇잖아요. 딸내미, 다 큰 딸내미 데리고 자기도 그렇고, 또 딸내미랑 같이 재우기도 그렇고, 딸내미를 밖에 재우기도 그렇잖아요, 솔직히. 그러다 보니까 동수랑 거기서 상의했지. 그러니까 여자애를 갖다가 밖에다 재우기 그렇다, 니가 좋겠다 그랬더니, 지가 거실에서 잔다고. 그래서 동수가 거실에서 자고, ○○가 방에서 자고. 착해요, 양보 잘하고 동수가. 〈비공개〉 많이 봐준 거 같애요. 한 번씩 ○○이, 동생 말로는 "오빠가 때렸다"고 하더라고 착한 오빠 아니라고, 근데 그러다가도 울면 다 봐주고 챙겨주고. 근데 동수가 마음이 좀 여렸어요, 그래서 다 봐줬을 거야.

면담자 둘이 나이 차이가 얼마 안 나서 자라면서 많이 싸우기도 했겠어요.

동수 엄마 그랬겠죠. 저야 못 보지만, 보고 있을 땐 싸운 적이 없으니까. 찌걱거리긴 하지만 남매들끼리 그렇게 많이 안 싸워요. 형제, 자매들끼리 싸우지. 근데 [남매끼리도] 안 싸우진 않았겠지요. 커서는 싸울 시간도 없고.

면담자 아까 말씀하시길 점 때문에 왕따 비슷하게 당했다고 하셨는데, 어머님은 어떻게 알게 되셨어요?

동수 엄마 학교에서 연락이 왔었어요, 학교에서. 초등학교 때 4학년 때, 5학년 땐가 6학년 땐가 기억이 안 나네, 연락이 왔었어요. "애들이 이렇게 해서 약간 충돌이 있었다" 그래서 학교에 한 번 간 적 있고. 중학교 때는 초등학교 때 [힘들게] 했던 애, 걔가 옆 반인데도 중학교 때 한 번 당한 적 있고 그걸로 싸웠다고 [하더라고요]. 그 뒤부터는 화해하고 없었어요. 그래서 학교 한 번 갔었고, 중학교 때도. 근데 "왜 그랬냐?" 그랬더니 "뚱뚱해서", 점은 이미 중학교 때 지나갔고 그건 어쩔 수 없는 신체 사항이니까. "뚱뚱해서, 아토피 때문에", "아토피 이런 거 때문에 지저분하고 냄새나서 그랬[다고]" [하]더니 나하고 계속 대화를 했어요, 동수 말고 그 괴롭혔던 애. 이렇게 했더니 자기도 초등학교 때 똑같은 이유로 당했다는 거야. 그니까 똑같은 처지에 있는데 동수랑….

근데 동수가 180[cm]이면 걔네는 160[cm]밖에 안 되더라고, 애들이 둘 다. 하나는 통통하기는 해요, 조그만데. 딱 갔는데 웃음밖에 안 나오더라고. 덩치도 (기침을 하며) 산만 한 애가 쬐끄만 애들한테 맞았다고, 맞았대 일방적으로. 근데 갔더니 실실 웃고 있어 동수가. 속 터지잖아요, 제 입장에서는. 그래서 물었어 "너 왜 그랬냐"고 "덩치도 네가 더 크고, 태권도까지 했던 애가 왜 맞고 있냐"고 [하니까] "엄마 친구를 어떻게 때려요" [하더라고], 아이고 속 터져 갖고. 동수가 그런 애였어요. "저 괜찮아요, 엄마, 저 안 아파요" 이러더라고. 학교에서는 그니까 [사건이] 크잖아요, 그게 밖에 나가면 또 커지는 일이고 그래 가지고 "알았다"고 "너 일단 가라"고, 그 애 둘이더라고요, 머슴아. 하나는 진짜 동수처럼 통통한데 뚱뚱한데 쪼끄만 애, 하나는 삐쩍 말라가지고 조그만 애. 데려다 놓고 얘기

했더니 그 얘기 하더라고요, 지도 그랬다고.

근데 좀 있으니까 걔네 엄마 둘이 오더라고요. 엄마들 뭐 빌고 난리 치지. 근데 엄마도 무슨 죄야. 애들도 그치 한창 중학교 1, 2학년 때가 그렇잖아요. 애매할 때잖아요. 애들이 그 시기 지나고 잘 [안 그러잖아요]. 그때 한 번 하고 없었던 거 같애요, 동수도 바뀌고 성격 바뀌고. 동수한테 그랬지 "너 아토피 있으니까 치료 잘하고 약 바르고 특히 잘 씻어야 한다"고 "안 그러면 친구들이 더 놀린다"고. 그때였던 거 같아요, 지 몸 관리도 열심히 했던 거, 병원도 잘 다니고, 피부과. 그걸로 한 번 혼내킨 적 있고 (면담자 : 아토피 때문에요?) 네, 아토피 때문에 그 사건이 발단이 된 거니까.

면담자 아토피 때문에 어렸을 때 키우기 힘드셨겠어요.

동수 엄마 그게 맨날 지저분하고 그런 게 아니에요, 그러니까 환절기 때 그게 올라오고. 애기 때부터도 중학교 때 초등학교 때 애들 못 참고 긁잖아. 그러면 또 생기고 엄마가 신경 덜 써주면 또 올라오고 그랬던 거 같애요. 근데 그렇게 심할 정돈 아니고, 목 좀 있고 이런 데 긁은 상처들이 많아요, 가려운 걸 못 참는 거야. 수분크림, 수분제 많이 발라야 되는데 머슴아라 잘 안 바르잖아. 땀도 많고 그러다 보니까 그런 거고. 진짜 지가 고등학교 가니까 성인이 돼가니까 참더라구요. 먹고 싶을 때 참고, 특히 과자 같은 거, 아이스크림, 색소 많이 들어간 음식들 안 먹어야 아토피에 좋거든요. 그런 거 먹지 말라니까 지가 알아서 안 먹더라고. 먹고 싶어도 안 먹더라고, 지가 가려운 거 아니까. 아토피 있는 애들 초콜렛[초콜

릿], 아이스크림 먹으면 바로 올라와요, 가려워. 그러니까 참을성, 참는 것도 알게 되더라고, 나이가 먹으니까.

면담자 가족 여행은 자주 가는 편이셨나요?

동수 엄마 그게 없어요. 집안 행사 땜에 간 건 있지만 우리 네 식구 여행 간 건 없는 거 같애요. 그런 시기가 저희한텐 없었어요. 그니까 저희가 살면서 지금 동수가 벌써 20살이잖아요(침묵). 한창 동수 중학교 때, 초등학교 때, 10년 전이니까 10살이잖아요. 그래 맞네 10살이면, 저희 친정 엄마가 위암이셨어요 10년 전에, 15년 전이구나 동수 태어나고 15년 전이니까, 지금 [친정 엄마가] 돌아가신 지 10년 됐으니까. 그리고 시어머니가 돌아가신 지가 지금 9년, 8년 됐으니까 시어머니도 지금 그 정도 되죠, 두 분 다. 시어머니는 난소암이었고 친정 엄마는 위암이었어요. 그니까 1년 사이에 두 분 다 아프신 거야. 거의 그래 가지고 7년, 양가 합쳐서 7년이죠. 먼저 아프셨고 우리 시어머니가 늦게 돌아가셨으니까 어머니가 올해 돌아가시고 시어머니가 내년에[다음 해에]. 그러니까 거의 그렇게 7년을 양가가 아프셨었어요.

그니까 차마 여행 갈 생각도 못 했고, 미안한 거죠, 우리끼리 놀러 가기도 미안하고, 뭐 먹는 것도 솔직히 미안했었으니까, 못 먹었으니까. 마지막에 위독했을 때는 매주마다 시댁 가야 되니까, 전 딸이지만 친정은 못 가도 시댁[은] 갔어요, 시어머니는 딸이 없거든. 아들만 삼 형젠데 며느리들이 그렇잖아요, 같이 똑같이 아픈데 친정은 못 가고 시댁[은] 가잖아요. 그 생활을 하다 보니까 가족들끼리 여행 가고 놀러 가고 못 했던 거 같애요. 그리고 돌아가시고 난 뒤에서는, 지금 돌아가신 지 시어머니가 8년 됐고 친정 엄마가 10년 됐잖아. 시어머니가 8년 중에 2년은 작년, 재작년이니까 거의 6년이잖아요. 7년, 6년인데, 그 6년 일하느라 바빴지. 그 어머님 아팠을 때는 정신이 장난 아니었지, 집이 꼴도 아니었고. 돈 좀만 생기면 바로 시골 갔어야 되고, 제가 잘해준 것도 없지만 돈도 안 모아지더라구요. 집안에 양쪽 [환자가] 있으니까 생활도 잘 안되고 그랬었던 거 같애요.

그게 좀 지나고 저희 집이 안정권 돌아간 게 재작년이었어요. 제가 코리아써키트 들어가면서 조금씩 안정되고 그러면서 시화로 집 사갖고 이사도 갔고. 동수한테 맨날 그랬거든 "엄마 회사에 학자금 다 나오고, 너 대학교만 가도 학자금 다 나온다. 공부만 하면 된다. 돈 걱정 안 해도 된다", "예, 알았어요" 했었거든요. 그러니까 앞뒤까지, 그 정도까지 다 해놨다 싶었는데, 큰돈은 아니지만 그래도 애네 아빠도 저도 마찬가지고, 학자금 나오고 월급 꼬박꼬박 나오고 하니까 진짜 열심히만 살면 되는데, 말도 안 되는 사고가 났죠. 애들이 너무 힘들었던, 힘들었을 거야, 남들처럼 놀러 한 번 못 갔으니까. 물론 잠깐 놀러 간 건 있어요. 어머니 돌아가시고 1년 후인가 2년 뒤부터는 그래도 식구들끼리 다 모여서 가을에 단풍 구경 그냥 이렇게 가고. 그런 것들은 합동으로 했죠, 온전히 우리 식구들끼리만은 없지만. 그렇게 조금씩은 여유 있게 했던 거 같애요, 그런 건 있었던 거 같아요. 내장산도 갔었고, 동수랑 같이 시댁 식구들 전부 [순창] 강천사도 갔었고. 그것도 몇 번 안 되는 거 같애, 어머니 돌아가시고부터니까. 어머니 돌아가시기 전에 마지막 간 게 강천사였어요. 그래서 일부러 2년 뒤에 강천사 갔지, 동수랑 같이. 그리고 내장산 갔고.

면담자 동수가 장손이면 제일 큰손자인 거잖아요? (동수 엄마 : 예, 집안의) 되게 예쁨 많이 받았을 거 같아요.

동수 엄마 우리 시어머니가 쪽쪽 빨았죠(웃음). 엄청 예뻐했었어요. 엄청 예뻐하고 그래 가지고 제가 '우리 시어머니가 우리 동수 데리고 갔다'고 원망했죠, 예쁜 거 지켜줘야지 왜 데리고 갔냐고. 우리 동수가 5월 6일 날 왔어요. 21일 만에 왔는데 우리 시아버지가 저한테 말고 동수 아빠한테 얘기했대요. 꿈에, 5일 날인가 아버지 오셨는데 전날 동수가 왔대 [시아버지] 꿈에. 근데 우리 시어머니가 데리고 왔대요. 우리 동수가[를] 시어머니가 데리고 왔는데 아버지 집에 현관 앞에 들어오지도 못하고 밖에서 대성통곡을 하고 막 울더래 동수가. 그러면서 깼다고 그러더라고. 그 얘기 듣는데 미치겠더라고…, 왜 집에도 못 들어오고 밖에서 대성통곡하는지. 또 할머니 손잡고 왔다고 하더라고. 그래서 원망 아닌 원망했죠. 나중에 한편으로는 '할머니가 좋은 데 데리고 갔구나' 싶기도 하고, 많이 짜증 나기도 하고(한숨).

그것도 더 원망한 게, 4월 16일 날 사고 났잖아요. 딱 한 달 보름인가 전에 그니까 시할머니[증조할머니] 장례 치렀거든요. 동수가 마지막 자기 [증조]할머니 장례까지 치르고 간 거야. 동수가 장손이니까 자기 아버지 옆에, 할아버지 옆에 동수가 서잖아요(한숨). '할머니가 데려갔나' 싶어 갖고 원망도 많이 했고. 그니까 지네 [증조] 할머니, 저한테 할머니죠, 시할머니 49재 되기도 전에 동수가 잘못됐으니까 원망 아닌 원망 많이 했죠, 처음에. 조상이라고 지켜주지도 않고(한숨).

6

동수가 자랄 때 일화

면담자 동수를 키울 때 제일 중요하게 생각한 가치는 어떤 건가요?

동수 엄마 그냥 다른 건 없었던 거 같애요, 그냥 건강 중요했었고. 우리 어머니가 키가 큰 애들은 신장이 안 좋고 그런다길래 귀 좀 많이 만졌고, 그런 건강 문제 많이 그랬던 거 같애요. 동수 이름 지을 때도 우리 아버님이 장수하라고 이름도 그렇게 지어준 건데(웃음). 건강 문제 좀 많이 신경 썼던 거 같애요, 동수한테는. 동수가 태어날 때 3.0[kg]으로 낳았는데, 바로 한 달도 안 돼갖고 고열이 났었어요. 39도까지 올랐던 거 같애 40도는 안 넘어갔고. 근데 신생아 때 열나는 거는 위험하다고 그러더라구요. 그래서 한도[병원]으로 갔는데, 검사를 했는데 무슨 간에 이만한 혹[이] 있대. 혹 같은 게 보였다고 그러면서는 MRI 찍자고 그러더라구요. 근데 MRI 찍을 때 뭔가 먹는데 "그거 먹으면 몇만 분의 몇 명 죽는다고 있는데 거기다 서명하라"고 그러더라고. 전 초보 엄마잖아요. 지금 같으면 우리 같으면야 '내가 아니겠지' 하고 하겠지만 너무 애기다 보니까, 첫애다 보니까 그게 너무 무서운 거야. "싸인 못 한다"고, "안 한다"고, "큰 병원 간다"고 고대를 갔어요.

여기 안산 고대[병원]에 갔는데 신생아라 인큐베이터 들어가야 된다고, 근데 "인큐베이터 지금 없다. 그래도 한도병원에서 봤으면 그게 잘못 본 것은 아닐 수도 있고, 또 다른 거, 볼 때마다 카메라 위치 따라서 달라 보일 수도 있다" 이러더라구요, 정밀검사 해야 된다고. 근데 애기니까 인큐베이터 들어가야 된다고. "지금 인큐베이터 없으니까 인천 길병원 가봐라" 그러면서 소견서 써주더라구요. 자기네들도 봤는데 일단 없었어요, 엑스레이상에는. 그치만 자기네 께 맞는지 한도 것이 맞는지 알 수는 없다는 거야, 그 잠깐 사이에 못 볼 수도 있기 때문에, 그렇게 얘기하더라구요. 그래서 인천 길병원까지 갔는데, 일단 입원시키고 정밀검사 다 하고 황달 끼 약간 있으니까 그것까지 다 하고 그때 그랬던 거 같애. 다 검사했는데 나온 건 없었어요, 이상 없음이었어요(웃음). 그니까 애기다 보니까 열은 날 수 있다고 하더라구요. 근데 그게 패혈증이며 이런 걸로 갈 수 있다고 입원해야 한다고 하더라고, 그런 것 땜에. 근데 딴 건 없었어요. 그 뒤로 아무 이상 없었거든. 근데 조금만 애가 아프면 겁은 나긴 하더라구요, 그 뒤로.

면담자 그 애기, 본인도 알고 있었죠?

동수 엄마 애기했을 거예요 아마 한두 번, 그때 그렇게 했던 거. 근데 지가 인지했는지 모르지. 그런 거는 저랑 동수 아빠만 알지 동생도 잘 몰라, 그런 얘기할 이유가 없으니까. 제가 했는지 안 했는지 잘 모르겠어, 동수한테 그 얘기를. 근데 동수가 애기 때는 잔병치레 참 많이 했었어요, 그건 알아. 이놈의 자식 남들 할 건 다 한다고 성장통도 다 앓았고 뭐 하나, 행동 하나 배울 때마다 맨날 아팠고 감기 달고 살았고. 근데 걔가 좀 크면서 병치레는 안 하더라고, 몸 좋아지고 그러면서. 애기 때 다 한 거 같아요. 근데 크게 한 번 아픈 적, 다친 적은 없어요, 그거 빼놓고는. 그것도 아픈 것도 아니고 초보 엄마다 보니까 놀래서 지레짐작한 건데 그거 말고는 크게 아픈 적도 없고 어디 한 번 깨지고 다쳐갖고 온 적도 없어요, 한 번도 동수가. 지 동생은 맨날 깨져갖고 왔는데, 이빨 뿌러먹고, 여기 쇄골 깨먹고, 뛰어갖고 여기 꿰매고 (눈두덩이 쪽을 가리키며) 여기 깨먹어 가지고 깁스하고 여자애가(웃음). 근데 동수는 한 번도 없었어요.

면담자 동생이 더 개구쟁이였나 봐요?

동수 엄마 아니요, 걔는 짓궂지는 않아요, 개구쟁이도 아니고. 근데 넘어지면 깨져요, 그런 애들 있잖아요. 뼈가 약한 것도 있지만 모르겠어요, 그냥 넘어지면 깨져버리는 거야. 여기 깨진 것도 학원 내려오다가 잠깐 뒤에 누가 딱 했는데[밀었는데] 넘어져서 접질렀는데 깨진 거야. 근데 그거 깨진 것도 저한테 혼날까 봐 숨긴 거야, 말도 않고 둘이서. 근데 다음 날 아침에 자고 일어났더니 손이 부어 있어. "너 왜 그러냐?" 그랬더니 "엄마, 아파", "왜", "어저께 학원 나오다가 잠깐 넘어졌는데 아팠다"고, 근데 자고 일어나면 괜찮을까 봐 얘기 안 한 거야. 승질이 나갔고 진짜 바로 병원 갔는데, 아이고 그걸 제가 저녁에 알았을 거예요. 저녁에 가니까 병원 갈 데 없잖아요. 약국 가봤더니 "암만해도 깨진 거 같다. 아침에 병원 가보라"고 그러더라고. 병원 갔더니 역시나 깨졌더라고.

그래서 깁스하고 "너 학원 선생님한테 말도 안 했냐"고 그랬더니 "학원 선생님이 이거 몰랐다"고 그러더라고. "학원 내려오면서 같이 안 내려왔냐"고 [하니까] 넘어진 건 알았지만 깨진 건 몰랐다는 거야 선생님이. 아이고, 승질나 가지고 그렇게 걔는 깨졌던 거 같애요. 지가 집에 계단 올라오면서 지지배가 올라오면서 발 딛고 넘어졌어, 근데 손을 디뎠잖아. 그대로 그것도 깨지고, 근데 동수는 그런 적이 없어.

7
동수의 학교생활에 대한 관심

면담자 　직장 다니느라 많이 바쁘셨는데, 동수의 입시나 교육에 관심 가지신 부분이 있으신지요?

동수 엄마 　그니까 그쪽에 제가 좀 소홀했던 거 같고, 제가 못 봐줄 만큼 선생님을 붙여줬었어요. 붙여주고 선생님들 상담을 좀 많이 하고 그런 것만 했던 거 같아요. 그러면서 동수랑 진학 상담할 때도 얘기하면서, 지가 생각하는 거랑 내 생각이랑 똑같더라구요. 그래서 단원고 가게 됐고, 수학하고 과학만 관심 있는 애다 보니까 그랬던 거 같아요. 그냥 학원 다니고 집에서 과외하고 거의 선생님들한테 맡겼던 거 같아요.

면담자 단원고를 본인이 가고 싶어 했나요?

동수 엄마 네, 집이 가깝다고 시간 안 뺏기고 싶다고. 처음에 양지 갈까, 강서를 갈까 고민 많이 했어요. "단원고 갈까?", 근데 강서 가서 지가 밑에서 놀면 손해라고. 또 양지는, 양지가 과학 쪽으로 좀 괜찮은 학교다 보니까 가고 싶어 했는데 교통편도 그렇고 거기서 바로 가는 교통편도 별로 없다 보니까 자전거 타야 되잖아. 그러니까 여기 갈까 거기 갈까 고민하다가 집 가까운 게 제일 낫다고 집 가까운 데로 간다고 하더라고, 단원고로. 그래서 1지망 단원고 쓰고 2지망 양지 쓰고 3지망 강서 쓰고 그랬던 거 같아요. 근데 저도 "그래, 춥기도 하지만, 집 가까운 데 가야 시간 안 뺏기고 공부하기 좋다"고 단원고 저도 추천했었죠, 지도 추천했었고. 근데 나중에 안 일인데 그러더라고, "엄마, 저 사실은요. 수원에 농고 가고 싶었는데, 집하고 너무 멀어서 그냥 포기했어요" 그러더라고. 지가 가고 싶은 건 거기였다고 하더라고, 농업고등학교.

그래 갔고 전 의외였어요. 사실 못 물어봤는데 그게 의외였어요. 선생님이랑 얘기하다가 혹했었나 봐, 지가 뭐 하고 만들고 꾸미고 이런 거 좋아하니까. 고등학교 1학년 가면서 바로 대학교 지가 정하더라구요. 지도 과학기술대 가고 싶다고 그래서 한양대 간다고 목표 이미 정했었어요. 고등학교 1학년 때부터 한양대 로봇

기계공학관가 기계공학과 그러면서, 즈그 아빠랑 얘기하면서 한양대도 유명한데 천안에 있는 거랑 있잖아요? 거기도 유명하다고. 과학고 아니 과학고가 아니라 [서울과학]기술대. 예, 그러면서 그런 얘기 종종 했던 거 같아요. 동수 목표는 여기 한양대였지. 한양대, 기술대 이미 목표 세우고 공부하고 있었어요. 동수가 고등학교 때 학원 다니는데 학원비가 만만치 않잖아요. 근데 동생이 우리가 시화로 이사 갔기 땜에 걔를 가르쳐야 하는 입장이었어요. 교과가 완전 바뀌어버렸잖아요, 안산에서 시화 왔기 땜에. 동수한테 그랬지 "동수야, 엄마가 ○○이 좀 [공부]시켜야 될 거 같은데, 얘가 좀 해야 학교 과정 따라갈 것 같은데 어떡할까? 엄마가 둘 다 보내기 힘들 거 같은데, 그래도 맨날 들어가는 돈 있고, 너 혼자 공부하면 안 될까?" 그랬더니 "한번 해볼게요" 이러더라구요. 딱 보름 학원 끊고 혼자 어떻게 해보겠다고 했어요.

"엄마 수학이 너무 힘들어요. 어려워요, 혼자는 힘들 거 같아요", 딱 보름 하더니 "저 학원 다시 가면 안 될까요?" [하더라고요]. "그래. 너 가라. 너 해라, 일단은. 엄마가 ○○ 알아서 해볼 테니까" 그랬더니 보름 만에 다시 학원 복귀했거든. 그러니까 갑자기 그러더라고, 공부에 욕심을 내더라고 지 꺼에, 안 그러던 애가. 그것도 되게 예쁘고, 지 목표를 이미 세웠기 때문에 열심히 했던 거 같아요, 그게 또 예뻤고 저는. 고등학교 가갖고 공부 되게 열심히 했던 거 같애. 처음에 1학년 때, 2학년 때였나 기필고사 평가 시험 보잖아요. 학교 자체 내에서 수학 100점 맞았다고 자랑하고 그러더라고. 그러면서 자신감도 붙고 공부도 열심히 하고 했었던 거 같아요. 맨날 잘 본 건 아니지만 그걸 갖고 애가, 선생님들도 애[가] 달라 보이고 지도 [욕심이] 생기는 거야.

그러면서 열심히 했던 거 같애, 그러면서 욕심도 생겼고. 물론 영어랑은 엄청 바닥이었지만…. 애가 극과 극이었어요. 수학, 과학, 이런 거는 진짜 상위권이었는데 영어, 기술·가정, 특히 기술·가정, 체육은 진짜(한숨). 근데 지 "그거 할 필요 없어" 이러더라고, 그거 할 시간에 [다른 과목을] 본다고. "근데 너무 안 되잖아" 그랬더니 "안 외워진다"고 그러더라고. 외우는 거 싫어했어요, 무지하게.

면담자　　그래도 수학, 과학 좋아하는 걸 보면 머리가 좋았나 봐요?

동수 엄마　　동생들한테 설명해 주고 보니까 기초는 탄탄했던 거 같아요, 그래서 곧잘 했을 거야. 중학교 때 애가 재능[교육]을 했거든요. 재능을 하면서 재능이 서술형 문제 많잖아요. 그때 아마 탄탄하게 했던 거 같아요. 또 지가 욕심이 있었으니까 더 열심히 했겠지. 그러면서 애가 많이 바뀌었던 거 같아요, 원래 좀 좋아했고. 머리야 뭐 지가 좋아하니까 열심히 노력하니까 됐겠지, 뭐 그렇게 했겠지.

8
4·16 참사 이전의 정치 관심 여부

면담자 혹시 참사 이전에 정치에는 관심이 있는 편이셨나요?

동수 엄마 아니요(웃음). 정치는 솔직히 이것도 정치라고 볼 수 있지만 정치라고 볼 순 없고, 코리아써키트가 노조가 없어요. 〈비공개〉 그러다가 저희 회사에 소사장이 왔는데 너무 말도 안 되는 짓을 하는 거야. 우리가 나이가 40대, 50대 아줌마들인데 완전 애 다루듯이 학생 다루듯이 시키더라고요. 늦게 들어왔다고 벌세워 놓고 그런 회사가 어딨어요, 말이 안 되잖아요. 그러다 보니까 저희가 인권위며, 노조 그런 거 알아봤지. 알아보고 그걸 좀 했었어요, 비정규직센터 가가지고 상담도 하고 인권 거기 가서 상담도 하고 그러면서 조치도 좀 취하고. 거기서 그래 가지고 사고 나기 전에 찍혔었죠, 그런 거 되게 싫어하는 회사니까. 그러면서 비정규직 하면서 거기에 좀 아는 분도 좀 있고 그런 것 좀 했던 거 같애. 그냥 엄마들이 그렇잖아요, 그냥 내가 쉽게 치면 더럽고 치사하면 나가버리면 그런다지만 엄마들은 "내가 왜 나가, 내가". 제가 초창기 멤버예요, 제가. 거기 최종 검사 쪽에 새파란 20살짜리, 22, 3살짜리 반장이라고 세워놓고 말 들으래. "그래, 내가 내 할 일은 하는데 내가 하지 않는다는, 내가 왜" 그걸 따졌어 저는.

따지고 그랬더니 싫어하죠. 당연히 싫어하는데 그러면서 많이 갈등도 하고. 그러면서 내가 찾아먹을 거 다 찾아먹고. 나 주 40시간 그러잖아요. "[주 40시간] 지키겠다. 더 이상 오버해서 잔업 안 하겠다" 그래서 주중에 한 번 꼭 잔업 빼고. 주말 근무 안 하고, 안 한다고 (웃으며) 그랬더니 나중에 "잔업 안 시킨다"고, "잔업 안 하면 더 좋지. 안 한다고 신고하겠다"고 그랬었지. 지금 생각해 보면 참 별것도 아닌 거 같고, 밖에 나와보니까, 사고 나보니까 더 나쁘고 못된 놈 많은데 그건 아무것도 아닌데, 그것도 '지네들 살겠다고 저러는 건데' 싶더라고. 그런데 근데 그게 쪼끄만 회사라도 그거 있잖아요, 지 살려고 더 약한 사람들 이용해 먹고 그렇잖아요. 근데 우린 그걸 못 보니까 맞선 거고…. 나중 가니까 우리가 그거 하니까 안 한 부류들도 있잖아요, 우리가 해줬으면 하는 부류도 생기더라 나중에.

그 사람은 꼴 뵈기 싫어 갖고 그렇게 했는데 지금은 제가 거기 그만뒀고. 둘이가 그랬어요, 둘이 그랬는데 저는 그만두고, 이 사건 때문에 그만두고 하나는 출산휴가 지금 받고 있어요. 우리 회사에 출산휴가 이런 것도 없었어요. 근데 걔가 출산휴가 받아버린 거야, 막을 방법이 사실 없잖아요. 그러다 출산휴가 하고 안 돌아올 줄 알았는데 돌아와 가꼬 육아휴직까지 받아버린 거야. 근데 그 계기로 다른 사람들도 육아휴직 받더라고. 그니까 그게 한 사람[이] 하니까 하더라고, 물꼬를 터주면 누군가는 혜택받아. 그러면 지네들은 또 못 해요, 뒤에서 해주기만 바래. 근데도 우리는 그래도 꼴 못 보니까 알면서도 또 하지. 그런 것만 했어 그런 것만. 소사장하고 나중에 대표라 그러죠? 얘기 안 하고 다이렉트로 코리아써키트 인사과에다 항의하고 그런 것까지 했던 거 같애. 회사에서는 랭킹 1위야, 랭킹 1위 정리해고(웃음). 그러고 알아서 그만뒀으니까 좋겠지. 말로는 다시 오라 복귀하라고 하더라구요. 그만둘 때 이것 때문에 그만두는 거 아니까(한숨). 그래도 그때가 재밌었던 같애 그렇게 하면서도.

면담자　　원래 앞으로 나서는 걸 두려워하지는 않으셨나 봐요?

동수 엄마　　아니, 두려워 안 하진 않죠. 근데 너무 말도 안 되는 짓을 하니까 안 나설 수가 [없었던 거죠]. 근데 제가 성질이 급한 건 있어요. 아니다 싶으면 바로 성질내고 그런 건 있는데 그런 성질이 아마 그랬던 거 같아요. 그래서 반장들이 싫어했긴 했지. 근데도 초창기 멤버다 보니까 지네들보다, 처음에 싫어한 게 지네들보다 아는 게 많은 게 싫어했었어요. 그러다 보니까 출장이란 출장은 다 보내. 맨날 출장 다니고. 최종 검사는 출장 잘 안 가거든요. 근데 어떡해 그래도 기존 사원 보내야지 신입 보냈다간 욕 얻어먹는데…. 저희가 하이닉스 물건을 갖다가 만드는 회사기 때문에 자주 출장 가야 했어. 하이닉스는 거기가 반도체 회사잖아요. 저희는 PCB고 그 PCB에 반도체 그니까 칩을 올리는 거잖아, 올리는 거. 올렸는데 불량 나면은 가서 또 해야 되니까 맨날 가서 출장 가서 AS 하고 불량 검사. 그니까 아쉬우니까 함부로 못 하더라고, 또 써먹어야 되니까(웃음). 그렇게 출장 다니다 보니까 코리아써키트 인사과 쪽에선 저는 얼굴 이미 알고 그래서 더 좋은 점도 있었던 거 같아요. 그래서 사고 났을 때도 더 회사에서 돈 많이 줬고. 이쪽에

다 저쪽에다 이미 얼굴 알려졌기 때문에 그랬던 거 같아요.

면담자 투표는 항상 하는 편이셨나요?

동수 엄마 투표는 대선은 꼭 했고요, 대선은 꼭 했어요. 대선은 했는데 그 뭐지, 지방선거, 총선 이런 거 같은 경우는 못 할 때가 더 많죠. 회사에서 1시간 2시간 보고, 하고 오라고 하니까. 아침에 하고 출근하잖아요. 그게 귀찮아서 안 한 것도 많고 근데 할 수 있었으면 거의 다 했어요. 솔직히 누가 누군지도 모르지만 그 있잖아요, 전라도 사람들. 저 전라도니까 그냥 쭉쭉 찍었지 2번. 지금 생각해 보면 그것도 참 안 된 건데 그랬던 거 같애요. 대선 때 고민을 좀 많이 했어, 1번을 찍어야 되나 2번을 찍어야 되나. 박근혜라는 사람한테 그 공약에 혹했죠, 여자라는 그 공약 있잖아요. 하도 살기도 힘들고 여자가 나오면 얼마나 좋을까 [했던 거죠]. 근데 박정희 딸이라서 안 찍었지. 찍진 않았어요, 전라도 태생이다 보니까. 선거는 그러면서 작년인가 재작년인가 4·19인가 선거 있었잖아요, 시장 선거 했어요. 저 그 사고 나고서도 했어요. 그래 갖고 그때 시흥 시장님이 팽목항까지 와갖고, 시흥에 사고, 그때 여덟 명인가요? 학생은 두 명인가 그래요.

연고자는 둘인가 그러고 나머지는 회사가 시화이거나 시흥이거나 이런 데고, 한 여덟 명인가 있다고 하더라구요. 근데 그분들 다 찾아본다고 내려오셨더라고, 직접 내려오셔 갖고 그때 저희랑 애 아빠랑 한참 얘기하고. 근데 그런 마음 너무 고맙더라고. 고맙고, 생각하시는 게 또 고맙고 그래서 이런 분은 밀어줘야 된다고 해갖고 나왔잖아요. 그때 시장 했는데 또 나와갖고 그래서 선거를 했지, 시장 선거 그때 했었어요. 저 다른 사람 다 모르겠고 그분은 알고 해준, 한 거지. 애 아빠보고 "자기야 선거 가자. 다른 사람은 몰라도 이런 분 같은 분은 선거 해줘야지, 찍어줘야지" 그래서 찍었어요. 그분 찍으면서 아마 여기 도의원도 찍었겠지. 경기도[지사] 찍었을 것이고 교육감도 내가 내 손으로 찍었을 것이고, 누가 누군지도 모르고 찍었으니까 그 당시에 정신이 없어 가지고. 그 자료 보지도 못하고 찍었으니까, 시흥 시장 빼놓고는(한숨).

9
수학여행에 대한 정보

면담자 수학여행 안내하는 과정에서 교통편 선택하는 걸 알고 계셨어요?

동수 엄마 그 안내문 있었어요, 받았었어요. 받았는데 "어디가 선호도가 많아?" 그랬더니 동수가 "배가 많다"고 그랬던 거 같아요. "너 하고 싶은 대로 해" 그리고 저는 "비행기, 비행기" 했거든요. 수학여행 갔을 때 조목조목 [일정] 있잖아요, 그건 못 봤어요. 그건 못 봤고 그건 사고 나서 봤고, 집에 치우다 보니까 집에서 정리하다 보니까 있더라고. 그래서 알았어요, 그때 알았고. 배 바뀐 것도 사고 나서 알았고, 그 전단지에 있었대. 하루 전에 바꿨대요. 근데 우리 못 본 거야. 15일 날, 그걸 어떻게 15일 날 동수 짐 싸니까 못 봤지. 근데 거기에 바뀌었는데 동수가 지도 바뀐 줄도 몰라요, 바뀐 지도 모르고 동수가 갖고 왔어. 근데 똑같으니까 자세히 보지 않으면 바뀐지 모르잖아요. 특히 누가 동그라미 쳐주지 않으면 몰랐죠.

거기 보니까 "엄마" 동수가 그 얘긴 하더라구요, "엄마 저기 돼지, 제주 흑돼지 삼겹살 먹으러 가는데 그건 기대돼요" 그러더라고. 동수가 먹는 거 좋아하니까 [흑돼지라고] 별 다를 것도 없는데 지는 다를 거라고 생각했나 보지. 그 얘기 기억나고, 수학여행 간다니까 동수가 고잔초, 단원중, 단원고를 나왔어요. 수학여행 못 간 애야, 걔가. 여기 이번에 단원고, 고등학교 애들이 그때 사스 땜에 못 가고 인플루엔자 때문에 못 가고 그랬잖아요. 물론 현장학습 이런 거 해갖고 경기도 가고 했지만 제대로 된 수학여행은 못 갔으니까, 또 가까운 데는 갔지만 그래서 더 기대했던 거 같애. 동수가 그래 갖고 다른 때는 옷 사준다고 해도 그냥 "됐어요, 괜찮아요" 이러는데 "엄마가 사다 주세요" 이러거든요, 보통. 근데 "가자, 네 맘에 맞는, 그래도 네가 입어보고 사야지" 그랬더니 "네" [하고] 따라 나오더라고 걔가. 그래서 유명 메이커 가가지고 바람막이랑 "그래도 제주도는 춥다, 바람막이 하나 사자" 바람막이 하나 사주고. 윗도리, 아랫도리 긴 바지 샀더니 "엄마 반팔" 그러더라고 또. 그래서 반팔 하나 사주고, 긴팔 사주고, 바지 사고 근데 그걸 좋아라 하더라고.

그리고 수학여행 간다고 갈비탕 끓여놓고, 그날도 여전히 혼자 아침에 챙겨 먹고 가고 "엄마 먹고 갈게요", "그래" 그러고. 동수가 제일 먼저 나가요, 시흥에 살기 시작한 [뒤]부터 제일 먼저 나갔어, 그래 6시 반이면 나가요. 저는 그 시간에 인나고 먼저 챙겨 먹고 지 가면서 "엄마 가요" 그러면 전 인나는 거야. 저를 깨워주고 가요, 동수가. 갔더니 봤더니 식탁에 갈비탕 한 그릇 다 먹고 갔더라구요. 빈 그릇만 있더라고 보니까. "아이고, 잘 먹고 갔네" (혀를 차며) 그러고 보냈어요, 아침에 보내고. 저녁에 짐도 하나씩 하나씩 "엄마, 뭐 넣을까" [하면서] 어제 준비물 챙기더라고. "챙겨, 야 속옷 더 갖고 가 이놈아" 속옷 더 챙기고, "야, 메리야스 깨끗한 거 갖고 가" 새 거 챙겨갖고 넣어주고, 수건도 하나 넣길래 "야 하나 갖고 안 돼" [해]갖고 세 장 넣어주고 그랬더니 다 넣더라고. 그러면서 우산도 챙기길래 "동수야, 우산 엄마 거 가져가라. 엄마 게 좋은 거니까, 깨끗하고 좋은 거니까 갖고 가라" 그랬더니 "예" 좋아라 갖고 처음엔 장우산, 반우산 챙기더라고요. 근데 무겁잖아요. 그래서 3단 싸줬어, 자동 우산을. 제 거도 3단 우산 여자들 거 같지도 않지, 남자들 거 같은 그런 색 남색이에요, 저도 그런 스타일 모던한 스타일 좋아하니까 그거 들고 가고.

애가 또 꼼꼼해요, 하나씩 하나씩 다 챙겨. 치약, 칫솔, 샴푸, 지퍼 백에 다 챙기더라고. 그래 가지고 지 가방 하나에다가, 가방 하나에다가 그걸 차곡차곡 다 싸갖고 다 담았더라고. 또 들고 가서 먹으라고 과자 몇 봉 샀는데 한 봉만 들고 가고 두 개는 집에 놓고 갔더라고. 좋아라 챙겼지, 챙겨서 그 저녁에 하나씩 하나씩 엄마한테 물어보고, 속옷 같은 경우는 제가 새 걸로 아예 다 준비해 줬고,

그래도 애들이랑 같이 있는데 깨끗하게 입고 있으라고. 머스마들 아무거나 입잖아요. 아무 생각 없이 입고 막 다니다 보니까 지그 할아버지한테 혼나고, "넌 애 옷도 안 사 입히냐" 이러고….

근데 걔는 신발이 세 켤레인가 네 켤레인가 있어요. 근데 맨 편한 신발만 신다 보니까 그게 더러운지 지저분한지 떨어졌는지 모르고 신어 걔가. 발이 이렇게 커요. 크고 두껍고 그니까 편한 신발만 신어. 그니까 맨날 할아버지한테 혼나고, 신발도 안 바꿔 신는다고, 더럽다고 찢어졌다고. 와서 보면 새 거 사준 거 안 신고 옛날 거 신고 온 거야, 그런 경우 많았거든. 동수가 다른 애들은 아껴서 안 신는 거잖아? 걔는 그게 아니야. 지 발에 편한 것만 신는 거야. 동수는 항상 그래 가지고 덩치 크고 발 크고 그러니까 신발이며 옷은 함부로 안 샀던 거 같애. 근데 큰 애들은 막 그냥 사 입히면 되게 없어 보이거든요, 덩치 큰 애들은. 몸매가 좋고 그러면 아무거나 입어도 예쁜데 그랬던 거 같애. 비싼 건 아니어도 동수 거는 그래도 다 이름은 있는 걸로 해줬던 거 같애. 동생은 그게 부러웠지만 "오빠는 맨날 메이커 사주고" 자기는 안 사주면서 (웃으며) 뭐 비싼 메이커는 아니어도 나이키며 유니온베이 같은 거 이런 거 있잖아요. 그냥 그래도 조금씩 있는 거 있잖아, 사주면 그랬던 거 같애.

면담자　　평소 본인은 옷에 관심이 없었나요?

동수 엄마　　없었어요. 예, 전혀 없었어요. 제가 그냥 제 취향에 맞게 그냥 그래도 사준 거지. 가방도 나이키 사주고 신발 나이키였고 그런 거 사주니까, 그러면서 친구들이 "야 진품이야? 짜가야?"

물어본대 애들이. 지갑 같은 경우도 뭐야 루이까또즈 거 있어요. 그러니까 "진품이야? 가짜야?" 물어보고 그런 소릴 하더라고. 그니까 지도 그게 은근히 말은 안 하지만 좋았던 거 같아요. 근데 그게 다 지네 이모들이 사주고 그런 거거든, 그런 거는 또 이모가 많다 보니까(한숨).

면담자 어머님, 오늘은 여기까지 할까요? 오늘은 수학여행 전날 얘기까지 해주셨는데 다음번엔 참사 당일 얘기를 해주시면 좋을 것 같습니다. 그리고 현장에 오래 계셨기 때문에 기억나는 사람이나 상황에 대해서 기억을 되짚어서 말씀해 주시면 진상 규명할 때도 힘이 될 것 같습니다.

동수 엄마 그러게 그런 걸 그때 다 남겼으면 좋았을걸. 정신없었고, 있었던 것도 그분이 누가 누군지 모르니까. 예, 말도 안 되는 짓을 많이 당했으니까. 고생하셨습니다.

2회차

2016년 2월 1일

1
시작 인사말

면담자 본 구술증언은 4·16 사건에 대한 참여자들의 경험과 기억을 기록으로 남김으로써 이후 진상 규명 및 역사 기술에 기여하고자 합니다. 지금부터 김도현 씨의 증언을 시작하겠습니다. 오늘은 2016년 2월 1일이며, 장소는 안산시 단원구 정부합동분향소 내 불교방입니다. 면담자와 촬영자는 박여리입니다.

2
사고 소식을 접한 날 상황

면담자 오늘은 참사 당일에 첫 소식을 접하신 것부터 쭉 얘기해 주시면 됩니다.

동수 엄마 (한숨을 내쉬며) 잠깐만 이걸 먼저 보는 게 맞는 거 같애. 찾아봤는데 처음 접한 게, 제가 이 문자 접했어요. (핸드폰에 있는 문자 기록을 보여주며) 방송에 나왔을지도 모르겠는데, 이게 아들 거 핸드폰, 옛날 핸드폰에서 문자 온 거 사진으로 찍어 온 건데요. 이게 지금 시간을 보면은 내가 10시 15분에 확인을 했어요. 그니까 10시 15분에 확인했고 얘가 문자가 시간이 안 적혀 있구나. 이 문자에 9시 7분이라고 돼 있어요. (면담자 : 보낸 시간이요?) 네, 9시. 동수가 나한테 보낸 시간이 이게 처음 접한 거고, 9시 7분 해갖고 두 건의 문자가 왔더라구요, 이거랑 이렇게(한숨). 처음에는 받았을 때는 미치겠어, 막 무슨 말인지도 몰랐고(한숨). 이게 처음[이자] 마지막 문자가 돼버렸죠, 이게 아들한테 온 거.

면담자 그 전에 뉴스나 속보로 소식을 접하지는 못하셨어요?

동수 엄마 못 했어요. 제가 직장을 다니다 보니까 아침에 7시 10분, 15분이면 벌써 출근을 해요. 저희 회사가 특수다 보니까, 반도체 판넬[패널] 만드는 데다 보니까 없어요, 아무것도 기계 자체가. 라디오 들을 수 있는 컴퓨터를 킬 수 있는 그런 환경이 아니다 보니까, 물론 핸드폰 자체도 저희[가] 못 만지게 돼 있어요. 이렇게 정전기 땜에 엄마들이랑 갖고 가서 상자에 넣어놓고 살짝살짝 보긴 하지만, 그렇다 보니까 처음 접한 게 저희가 10시 쉬는 시간이다 보니까, 10시에 쉬는 시간에 핸드폰 켰는데 문자가 와 있더라구요. 바로 전화했을 때는 이미 [동수가 전화를] 안 받고…. 그게 제가 처음 접한 거였어요.

면담자 문자를 처음 받으신 후에는 어떻게 하셨나요?

동수 엄마 처음에 이거 받고 뭔지 모르고 상식도 별로 없다 보니까 '배가 45도면은 어? 어느 정도지? 이게 90돈데 거의 다 기울인 거네, 이상한 거네' 엄마도 느낌이 있잖아요, 그 미칠 거 같은. 근데 저희 같은 라인에 옆 반에 다른 부서에 저희 동수랑 같은 학교 다니는 엄마가 있는 거 알고서, 제가 알고 있었어요. 찾아갔어요. "언니, 문자가 왔는데 언니[는 소식] 아냐?" 찾으러 갔는데 그 언니는 이미 알고 펑펑 울고 있더라고, "어떡하면 좋냐"고 이래 가면서(한숨). 그때부터 아무것도 못 하고 떨다가, 애는 통화는 안 되지 제가 연락할 수 있는 데가 없잖아요. 저희 회사랑 되다[휴식 시간이 다르다] 보니까, 어떻게 안 돼가지고 얘네 아빠[한테] 전화해야 되는[데] 전화 통화가 안 되는 거야. 신랑도 통화 안 돼서 어떡할 바를 모르겠는 거예요. [그래서] 시동생한테 전화했어. 시동생한테 전화해 가지고 "상황이 지금 이런데 형아가 연락이 안 된다 어떡하면 좋냐" 그랬더니 "형수 조금만 기다리라"고 우리 시동생이 저 바로 뒷 라인에서 일해요, 좀 떨어지긴 했지만. 그래 가지고 시동생이 저를 태우러 와갖고 절 태워갖고 얘네 아빠 사업장까지 데려다준 거야.

그래 가지고 그게 한 10시 반 정도 됐을 거예요. 얘네 아빠도 10시인가 10시 반엔가가 아마 쉬는 시간이에요, 거기는 또 10시 반이. 그래 갖고 갔는데 전화 안 받고…. 그래서 얘네 아빠 회사에 바로 직속 연결할 수 있는 반장급들 전화번호 있잖아요, 그거 갖고 있어서 전화했어요. "지금 이런데, 단원고 가야 되는데 동수 아빠 연락이 안 된다. 빨리 찾아달라"고, "전화해 달라"고 회사 앞에 가 가지고. 그래 갖고 아빠 태워가지고 학교에 갔었어요, 그때.

면담자　아버님도 상황을 모르고 계셨나요?

동수 엄마　모르고, 저한테 처음 들었어요, 얘네 아빠는 그때. 그 1분, 2분이 막 미치겠는데 연락이 안 되니까 어찌할 바를 모르겠더라고. 그래 갖고 그나마 직장을 아니까 찾아갔죠, 거기까지. 얘네 아빠는 그때까지 몰랐어요, 10시 반까지도 제가 갈 때까지도 자기네 회사까지(한숨).

면담자 전날 밤 배가 출항이 안 되기도 했잖아요. (동수 엄마 : 네, 맞아요) 출항 지연은 알고 계셨나요?

동수 엄마 그거는 알고 있었어요. 그건 동수한테 문자 왔었어, 계속. 그니까 동수가 학교에 있을 때부터 출발하기 전부터 저한테 문자도 하고 전화도 했었어요. 가기 전날 4시에 "늦는다", "학교에서 출발한다"고 왔었고, 출항이 늦어져서 그래서 있었고, 저녁에 또 "엄마, 배에 탔는데 여기 너무 비싸요" [하는 연락이 왔어요]. 제가 5만 원밖에 안 줬어요, 아빠 카드를 주고 현금은 비상금 쓰고 카드 쓰라고, 쓸 거 있으면. 꼭 현금 쓸 때가 있으니까 현금 갖고 쓰라고 했는데 "엄마 너무 비싸다"고 이놈이 그러더라구요, 현금 안 쓴다고. 문자도 있어요. "카드 쓰겠다"고 그렇게 통화하고, 저녁에 통화하고 아침에 또 문자가 왔더라고요. 〈비공개〉

면담자 그러면 소식 듣고 나서 단원고로 바로 가신 거예요?

동수 엄마 그렇죠, 소식 듣고 바로 단원고로 갔죠, 애 아빠한테 가서 태워서 학교로. 저희 학교 갔을 때는 부모님들 엄청 많이 와 있더라구요, 난장판이었고.

3
4·16 참사 당시 단원고등학교 상황

면담자 당시 상황이 어땠나요?

동수 엄마 풍경이야, 그때 상황이야 모르겠어요, 정신을 못 차려가지고 특별히 기억나는 것도 없고. 애들 좀 있으니까 11시쯤 "다 구했다"고 나왔잖아요. 그러면서 다 구했다고 하는데 "명단 달라" 그랬어요, 제가. 그랬더니 "명단 아직 취합 안 됐다"고, "취합도 안 됐는데, 무슨 다 구했다고 그러냐"고, "다 구한 거, 저거 맞냐"고. 그 사람들도 TV 화면 보고 막 발표를 하고 있더라구요, 거기 관계자라는 사람들이. 나중에 물어보니까 "그분 누구냐"고 그랬더니 뭐 학부형 총회인지 뭔지 있잖아요. 학교 임원회 그분이라고 그러고, 학교 교장이라고 그러고, 딴 사람 누구는 뭐 몇 명 있었으니까 그러더라고. 안 되겠다 싶어 가지고 그 "명단 빨리 달라"고, "취합된 사람이 있을 거 아니냐" 그랬더니 백몇 명 됐다고 하더라구요. 백몇 명 됐다고 적기 시작하는데 백몇 명 중에서도, 물론 그것도 잘못된 거였지만 우리 아들은 없더라구요. 1반은 다 구했다고, 처음에 갔는데 1반은 "전원 구조"[라고] 써 있더라구요. 그것도 거짓말이었고….

교무실에 내려갔어요, 2층으로 갔는데 그때 3층에서 그랬거든. 3층에서 다 모여가지고 하는데 2층 갔더니 정확하게 써 있더라구요. 보니까 거기서도 마찬가지로 1반은 전원 구조였고 7반은, 저희는 7반이니까 다른 반 보지도 않았어. 솔직히 보지도 않았는데 7반은 두 명 써 있더라구요. 이름이 누군지 모르겠, 기억은 안 나는데 정민이하고 수빈이였던 거 같기도 하고…. 근데 암만 찾아도 동수는 없더라구요. 훑어봤어, 혹시 다른 반하고 섞여 있나 싶어 갖고 1반부터 10반까지 다 봤는데 정동수라는 동수라는 이름 자체가 없더라구요. 그때 "아" 했었어요, 솔직히. 그러면서 12시에, 제가 잘 기억나는 게 없으니까, 12시에 차 버스를 준비를 해서 내려가겠다고 그러더라구요. 근데 그 1분 1초도 못 기다리겠더라구요. 얘네 아빠랑 같이 자차로 바로 달려, 달려간 게 아니라 날아갔죠, 팽목항까지 진도체육관까지.

가면서 버스로 따라오시는 저희 회사 언니랑 계속 톡 주면서 받으면서 혹시 다른 상황, 바뀐 상황 있나, 애들 더 올라온 거 있나 확인 작업해 가면서, 인터넷뉴스 계속 주시해 가면서 내려갔었어요, 저는. 애 아빠는 운전만 하고(한숨). 거기까지 어떻게 갔나 모르겠어요. 그 당시에 아는 인맥 [동원해서] 다 뒤졌는데 동수는 없더라고.

4
4월 16일 진도체육관과 팽목항 상황

면담자 처음 진도에 내려가셨을 때 상황이 어땠나요?

동수 엄마 (헛웃음을 지으며) 웃겼어요, 상황이. 물론 처음에 그렇게 달려서 갔는데 뉴스에 사망자가 한 명 떴어요. 그거 아시죠, 한 명 뜬 거. 근데 그것마저도 뉴스 나오는 방송마저도 오류였다는 거지. 제가 저희 집이 시흥이에요. 시흥 살잖아, 제가 시흥이니까 그때 당시 시흥 살았으니까. 근데 사망자 해갖고 뭐 180[cm]에 90kg 건장한 청년이었고, 그리고 뭐 이름이 정가래[정씨래]. 정 뭣 해놓고 시흥 써 있더라구요. '어? 암만 봐도 그 이미지상 우리 동순데' 동수가 정동수니까. 거기에다가 '시흥 사는 애가 단원고에 몇 명이나 있겠나, 한 두 명이겠지. 그러면 정씨면 동순데', 그 순간 전 그게 동순 줄 알았어요. 그게 키도 비슷하고 덩치 똑같죠, 거기다 정가죠, 옆에 자막 보니까 또 시흥이라는 거야. 뭐든 그게 동수라고 가르키고 있더라구요. 근데 차마 이거를 애 아빠 운전하고 있는데 180, 190[키로] 밟고 있는데 말 못 하겠더라고. 근데 나중에 정정보도 나오더라구요. 정씨고 주소는 안산이고 나중에 박지영이 나오면서 박지영이 시흥으로 나오더라구요, 그 여자애 박지영이.

그러면서 '참 저거 하나도 그렇게, 저거 하나도 저거 가지고 파악 못 [하는구나]' 파악 못 한 게 엄청 많았지만 '저렇게 막 보내는구나' 싶더라고. 그게 그렇게 해가지고 아마 저희가 11시 몇 분 출발해 가지고 도착 시간이 4시도 안 됐었어요. 4시도 안 되니까 기자들은 엄청 많은데 거기 와 있는 부모들은 없었어요. (면담자 : 버스가 늦게 왔나요?) 늦게 오니까. 자차로 왔었어도 몇 명 안 됐었어요, 온 사람들. 근데 우리는 엄청 밟았기 땜에 애네 아빠가 제가 알기로는 200키로 밟은 걸로 알고 있어요, 승용차로 아반떼였으니까.

갔는데 없었어요. 그리고 학생들이 생존자가 나왔는데 진짜 한 2, 30명밖에 안 보이는 거야. 학생들만 따로 모여 있었거든, 일반인은 없었거든. 그쪽에 '어? 이게 뭐지? 생존자 백몇 명이라고 했는데 이거밖에 안 되냐' 해갖고 "다른 애들 다 어딨냐"고 했더니 무슨 관매도인지 뭣인지 애들 배가 나오고 있다는 거예요. 오고 있다고 그러더라고, '그런가 보다' 했어. 그때만 해도 딱 내려가 가지고 있는데 몇 명 없고 애들도 온다고 그러고.

그러면 살아 있는 애들 파악된 애들 있잖아요, 그걸 찾기 위해서 몇 군데 적어 있더라고 이렇게. 생존자, 구조자 이렇게 써 있는데 여기저기 다 찾아도 없더라고, 동수는 없더라고. 없는데 없어 가지고 밖에서 울고 있는데 (한숨을 내쉬며) 가관이 아니었어요. 여기 기자, 저기 기자 계속 달라붙고 찍고 그러면서 제가 가서 젤 먼저 한 게, 물론 동수 찾았지만 없었고 두 번째가 칠판[에 생존자] 애들[이름을] 찾았어요. 분명히 명단에 두 명 있었으니까 찾았는데, 그 생존자 몇 명에도 없었는데 아니더라고. A더라고요. A가 있는데 혼자 앉아 있어요, 이불 이렇게 뒤집어쓰고. 이불도 아니었어, 그냥 이렇게 핸드폰 하고 있더라고 이렇게. 누가 뭐 보호해 주고 관리해 주고 이런 것도 없었어, 진짜로. 그냥 지네들끼리 너부러져 앉아 있더라고, 애들이. A한테 가갖고 물어봤어요.

"다른 애들은 다 어딨냐" 그랬더니 "오고 있을 거라"고 그러더라구요. "혹시 동수 못 봤니" 그랬더니 "못 봤다"고 그러더라고. "그러면은 동수 마지막 본 데 어디야?" 그랬더니 "모르겠어요. 밥 먹고 애들 다 안에 들어갔어요. 들어갔을 거예요" 그러더라고요. "너는 어떻게 나왔니?" 물어봤어요, 제가. 그러니까 "어떻게 나왔냐"고 물어봤더니 자기는 "핸드폰이 충전기 배터리가 방전돼서, 게임 많이 해서 방전돼서 충전할려고 밖에 나섰다" 이러더라고요. 근데 그것도 둘러댄 말이지만, 충전은 안에서 하지 밖에서 안 하잖아요. 얼핏 둘러댄 거 같은데 직접 들은 얘기 아니니까 할 필요 없고, 그거는 그렇게 얘기하더라구요. 그니깐 근데 그 사이에서도 온갖 기자들이 애들, 생존자 애들 붙들고, 진짜 카메라밖에 없었어, 그 당시에.

면담자 사건 나고 나서 관계 부처 사람들이 왔잖아요. (동수 엄마 : 네) 대통령도 오고 그때는 체육관에 계속 계셨나요?

동수 엄마 아니요. 저희는 팽목으로 넘어갔어요. 그때 갔는데 동수가 없잖아요. 근데 그때 그랬어요, 누군가 관계자였을 거야. 근데, 자기가 관계자였는데, "[아이들이] 오고 있다"[라고 하더라고요]. 그래도 봤을 때 이 사람들이 일반인인지 자원봉산지, 그때 이미 자원봉사도 내려오는 중이었어요. 있었어요, 조금씩은. 많이는 아니었지만 있었어요. (기침) "오고 있다"고 [해서] 그럼 "그 배 어디로 오냐", "팽목으로 온다"고 그러더라구요. 그래서 팽목으로 저희는 들어갔었어요. 그때 "팽목 어떻게 들어가야 되냐" 그랬더니 "지금 팽목 들어가는 셔틀버스가 있다"[라고 하더라고요]. 차는 체육관에 놔두고 우리 차는 놔두고 버스를 타고 팽목으로 들어갔어요. 그때도 관계 부처 사람들 몇 명은 있었던 거 같애, 제 기억에. 그냥 깔끔한 옷차림에 누가 봐도 유가족도 아니고 시민도 아닌 거 같은 분위기 있잖아요(한숨). 그래서 저흰 들어갔어요, 팽목항 그날 바로 들어갔어요, 저희는.

팽목 갔더니 팽목에 아무것도 없더라구요. 진짜로 안내해 주는 사람도 없었고 뭣도 없었고, 먹을 데도 상황실 비슷한 그런 것도 없었고. 처음에 가가지고 얘네 아빠가 남자분들이, 솔직히 전 정신이 없었고 "여기 책임자가 누구냐"고 그랬더니 "모른다" 그러고 "아니다" 그러고. 그니까 "여기 상황실 책임이 자기지만 여기 총책임이 아니라"고 이러더라고, 이런 식으로 얘기하더라고 그 사람들이 끝까지. 근데 그렇게 끝까지 그랬어요, 어이가 없었어.

면담자 그날 거의 잠 못 주무셨겠어요.

동수 엄마 못 잤죠, 잘 수가 없었죠. 물론 거기 팽목항에는 텐트도 없었고 아무것도 없었으니까 그냥 진짜 못 잤고 잘 수도 없었고, 반절 정신이 나갔었던 거 같애요. 제가 정신 깼을 때는 한 5일 지났었어요. 물론 막 정신 나가갖고 하는 건 아니었지만 암만 기억할려고 해도 기억나는 게 없어요. 분명히 나간 건 아닌데 기억나는 게 없어요. 5일 동안 넋을 놓고 있었던 거 같애요. 잠깐잠깐 생각나는 게 그런 거밖에 없어요. 그냥 방송 화면에 구조 조명탄 쏘는 거, 구조하고 있다는 거, 계속 같은 화면만 나왔다는 거, 그런 거밖에 기억나는 게 없고 그 와중에서도 쇼맨십 하러 오시는 정치인들이 많더라구요. (면담자 : 어떤 쇼맨십이요?) (웃으며) 솔직히 정당도 모르겠고 어딘지 모르겠는데 "자기 무슨 무슨 당 누구인데" 제 어깨를 하는[토닥이는] 사람 있었고요. 만약에 진짜 위로할 것 같으면

"괜찮냐" 이래야 되잖아요, "저 무슨 당 누군데" 이러면서 얘기하더라고. "지금 뭐 하시는 거냐"고 제가 그랬거든요, "저리 가시라"고. 그래서 그런 경험 한 번 있었구요.

한번은 텐트가 없어 갖고 진짜 상황, 막 비도 많이 왔어요. 비도 많이 오고 그래 가지고 몽골텐트라고 팽목항에 딱 하나 있었어요. 그때 잘 수도 있는 그런 곳인데 진짜 엄청 꽉꽉 차 있었는데 거기서 새누리당이었을 거예요, 아마. 들어와 가지고 봉사하시는 분 있잖아요, 그분들하고 악수하면서 "수고하시라"고 이래 가면서 "누구 당, 누구 의원, 누군데" 이러면서 거기서 그 짓 하고 있더라고, 히히덕거리면서 장난처럼 웃으면서. 그건 솔직히 저희가 첫날, 이틀날, 삼 일 거기 있을 때는 진짜 웃는 사람도 이해가 안 될 정도였으니까, 솔직히 말하면 저희 심정으로는 "어떻게 웃을 수가 있냐" [싶었어요]. 근데 거기서 히히덕거리면서 웃고 있더라고. 둘이 자원봉사하고 의원이라는 분이 그래 갖고 그런 것도 있었고…. 그때는 모든 게 다 이해가 안 됐으니까, 용서할 수도 없었고. 그런 것만 그런 거는 기억나요, 그런 거는 기억나고.

봉사자들이 와가지고 죽 드시라고 넣어주고, 김밥 넣어주고 "안 먹으면 안 된다"고 넣어주고 그런 것도 기억나고. 언니들이, 저희 언니들이 많아요. 저희가 7남매기 땜에 제 우기로[위로] 언니가 넷이에요. 제가 딸 중에 다섯, 막내니까 언니들이 돌아가면서 계속 옆에 있었고, 제가 정신 못 차리니까 언니들이 바지선까지 배 타고 나갔다 오고, 언니들이 나갔다 왔어요, 전 못 가고(한숨). 그러더라고[언니들이, 그래서] '역시 언니들은 그래도 엄마 대신이다' 싶기도 하고, 언니는 언니들 뭇대로 다 하더라구요. 큰언니는 제가 팽개쳐 놓은 우리 딸내미 챙겨갖고 아예 안산 가서 데려와서 학교에다 얘기하고 데려가 버리더라구요, 아예 보지 말라고. 그래서 제 딸은 팽목항 아예 한 번도 안 왔거든 20일 동안. 언니가 아예 데리고 가서, "굳이 볼 거 없다"고, "봐서 좋을 것도 없고 충격만 크고 헤어나기 힘들다"고. 그래서 딸이 그나마 빨리 다른 애들보다 더 자리 잡은 거 같긴 해요, 그런 상황들 안 봐서. 그런 일도 있었고….

5
진도체육관에서의 생활

면담자 5일 정도 기억이 안 난다고 하셨는데 (동수 엄마 : 네 네) 동수가 좀 늦게 나온 편이잖아요. (동수 엄마 : 네) 그사이에 여러 가지 일이 많았는데 기억나시는 일이 있으시면 말씀해 주세요.

동수 엄마 그니까 정확하게 몇 월 며칠 몇 시라고 말 못 하고, 저희가 제 기억엔 그래요. 딱 3일째 되는 날 배가, 전 뭣 땜에 배가 갑자기 그렇게, 처음엔 선수가 이렇게 있었잖아요, [그러다가 물속으로] 들어가 버렸잖아요. 3일째 되는 날이었거든. 왜 들어갔는지 처음엔 몰랐어요. 뭐 에어[포켓] 때문에 뭐 [공기] 주입하겠다고 [한 건] 처음엔 몰랐고 나중에 안 거고. 그때는 진짜 '아, 그 작은 우리 애들이' 선수 쪽이다 보니까 7반, 8반이 선수 쪽이었잖아요, 9반 애들이 그쪽 끝이었으니까. 그래도 실낱같은 희망이 있었는데 3일째 되는 날은 안 될 거라는 거는 알고 있었어요. '안 될 거 같다' 느꼈었어요, 가슴으로 느꼈죠. 그 뒤로 그랬던 거 같아요.

제일 많이 기억 남는 거는 그 정조 때마다 작업했던 거 그런 거만 체크했던 거 같애요, 그 시간만 되면 막 부들부들 떨고. 처음에는 한 일주일은 그니까 3일째부터, 3일간은 '우리 애가 아니었으면 좋겠다', '아니었으면 좋겠다' 그랬었어요. 솔직히 솔직한 마음으로 '살아서 나왔으면 좋겠다' 했었으니까. 그게 아마 사고 나서 일주일이었을 거야. 일주일 동안은 진짜로 그 한 명, 한 명 나올 때마다 '우리 애 아니었으면 좋겠다, 아니었으면 좋겠다' 했던 거 같애요. 그러는 사이 아시다시피 국회의원도 왔고 국무총리도 왔고 이주영 해양수산부 장관도 왔었고 그렇잖아요. 물론 하도 애들 못 찾아, 못 데려오니까 저희가 볼모로 잡고 있었잖아요. 그것도 아시죠? 그런 사건도 있었고 그 자리에 저도 있었거든, 바로 이주영 뒤에 있었거든. 그런 일도 있었고.

면담자　　그때는 어땠나요?

동수 엄마　　(웃으며) 미치지…. 솔직히 저희는 그동안 그랬잖아, 대통령, 장관하면은 우리랑 거리가 먼 사람, 반듯한 사람. 그래도 정치가 썩었다 하지만 이렇게까지 생각 못 했거든요. 그런데 진짜 '한낱 아무것도 아닌 사람이다' 싶었어, 솔직히 그래서 '어떻게 저렇게 무능해 보일까' 싶기도 했고. 그게 볼모로 잡혀 있으면서도 그 누구지 해양수산부 장관 밑에가 차관, 국장인가는 벌벌벌 떨면서

분한 마음에 약간 그런 게 보였어요. 그치만 장관은, 그 이주영 장관은 다 포기한 것처럼 있죠, 포기했다는 느낌 들 만큼 넋 놓고 있더라구요. 그냥 앉아서도 그 상황에도 졸고 있고, 저희가 막 다그치는데 졸고, "배고프냐"고 "드시라고, 빵 드시라"고 [하면] 또 빵 꾸역꾸역 드시고. 그런 모습 보면서 참 '뭘까' 싶더라구요. 가관이 아니었어. 그 당시에 말 그대로 '저런 게 장관일까, 저런 게 차장일까, 국장일까' 싶더라고. 저렇게 (한숨을 내쉬며) '한심하다' 한심했지.

그때 '팩트TV' 그때 누구야 그 우리 〈다이빙벨〉 했던 그 이상호 기자가, 그때 주도라고 하긴 그렇고 그 사람 때문에 어떻게 보면 그런 사건 만들어졌을 수도 있어요. 그때 그랬거든, 그분 때문에 저희가 언딘이랑 해경이랑 유착 관계 있다는 것도 알았고. 그때 당시에 연관됐다고 아무튼 간에 뭔가 모르겠지만 연관됐다고 알았고 그랬으니까. 그러면서 그 사건 발단된 거니까, 그 사람이 카메라 하에 그런 사건 벌어졌고 그러니까 그 카메라 다큐에 담아져 버렸잖아요. 근데 그러더라고 "저 카메라 치우기 전까지 얘기 안 한다"고 그랬었거든, 그때 그 장관이라는 사람이 그때 그랬고…. 앞에서 선동했던 사람들도 많았고 [했는데]. 어느 날 갑자기 다 없어졌지만…. 그런 것만 기억나지 정확하게 무슨 말을 했고, 그렇게 기억 안 나요.

근데 이러나저러나 이상호 기자 아니었으면 저희는 지금도, 그때 당시에도 그냥 정부를 믿고 그랬을지도 몰라요, 찾아오면은 "고맙다" 그랬을지도 모르고. 그때 그 사람 아니었으면 얘들이 작업하는 줄 알았을 테니까, 그 사람들이. 아무것도 진짜 몰랐으니까. 그러면서 저희가 의심도 하게 됐고 화면에 나오는 저게 다 거짓말이라는 것도 알게 됐고(한숨). 그리고 기억나는 거는 박근혜가 왔을 때였을 거예요. 그 텐트에 박근혜랑 유가족만 들어가고 다 막아놓은 상태였어요, 그니까 외부 기자들도 그 안에는 없었어요. 근데 보좌관이라는 사람들이 카메라로 저희를 찍더라고. 근데 "뭐 하시냐"고, "지금 찍냐"고, "달라"고 그랬었어요, 동수 아빠가. "안 찍었다"고 처음엔 발뺌하더라고요. 그 사람 덩치 좋았잖아요. 저희는 악이잖아요. 뺏었어요. 동수 아빠가 뺏어가지고 "다 지워버리겠다"고 했더니 "자기가 지우겠다"고 달라고 하더라고. "진짜 지울 거냐"고 "어떻게 믿냐고 다 지워버린다"고 다 지워버릴라고 했대, 얘네 아빠가.

근데 거기 보니까 진짜 신생아 아기 사진이 있었어요. 그니까 애기 낳은 지 얼마 안 됐다고 하더라고 그분이. 그러면서 "제발 그러면 애기 사진만 지우지 말라"고 그러더라고 그 상황에서. 우리는 애 생사를 모르고 그러고 있는데, 그때 당시만 해도 그러니까 자기는 그 애기 사진이 더 귀했던 거야, 지금 생각해 보니까. 그것도 또 라이다 싶은 거야, 그때 당시만 해도. 그게 무슨 의민지 몰랐어, 솔직히 몰랐는데, 요 며칠 생각해 보니까 지는 제 애기 사진도 그렇게 귀해 가지고 그 사진도 못 지우게 하려고 했는데 참 웃기다 싶더라고. 그런 사건도 있었어요. 그래 갖고 얘네 아빠가 차마 그때 애기 사진 못 지우고, 그때 못 지우고 우리 촬영했던 사진만 지우라고 그래 갖고 지웠거든. 지가 지웠어요, 서로 합의하고. 그때만 해도 다 같은 애 키우는 부모로서 그 사진 한 장, 애 사진 한 장도 못 지우고 그랬다는 게 참 지금 생각해 보면 어이가 없어.

지금 같았으면 다 지워버렸을 거야, 아마. 말이 안 되잖아, 지는 그 사진 하나도 귀하면서, 내 새끼 우리 새끼들은 참 (한숨을 내쉬며) 그런 것도 있었고. 저희가 그때 당시 사찰 아닌 사찰 많이 당했어요, 진짜 많이 당했으니까. 얘네 아빠가 그때만 해도 그냥 우스갯소리로 그랬어요. "사복 입은 경찰들이 따라다닌다"고 말로만 들었는데 그랬다 하더라고, 근데 그게 잡힌 날도 있고. 저희 유가족만 타고 오는 안산에서 팽목까지 다니는 버스가 있었어요. 거기서 한 번 잡힌 적도 있어요, 사복경찰. 왜 그렇게까지 했나 이해가 안 가 지금도.

면담자 사복경찰이 있다는 건 어떻게 알게 된 건가요?

동수 엄마 하도 그걸 많이 겪다 보니까, 얘네 아빠 말로는 그래요. 저는 그때 없었는데 하도 많이 겪다 보니까, 솔직히 저희 유가족이 누가 누군지 그리고 시청 분이 누구누군지 대충 아는데 모르는 분이 있고 좀 느낌이 '이상하다' 생각[이] 들더래요. 그래서 알게 됐다고 하더라고. 그래서 도망가려고 하는 거 잡았다 하더라고. 자세한 건 몰라요, 그렇게만 들었어요. 저희 국회로 청문회 다닐 때도 그런 얘기 많이 들었거든 있었다고, 한참 저희가 막 14년도에는 많이 돌아다녔으니까. 아마 알게 모르게 4월 16일 날, 17일 날에도 있었을 거예요. 거기 엄청 많이 있었던 걸로 알고 있으니까, 들었고. 표적을 삼아 해놓고 붙은 걸로 알고 있어요, 동수 아빠도 마찬가지고. 진짠지 아닌지 모르겠지만 저희 핸드폰도 감시당하고 있다고 들었으니까, 왜 그렇게까지 했는지 이유는 모르겠지만.

면담자　　동수 나오기 전까지 팽목에 계속 계셨던 건가요?

동수 엄마　　네, 팽목항에 계속 거기 있었죠. 그래도 그렇더라고, 1주일, 2주일 돼가니까, 2주면 14일이잖아요. 동수가 20일, 21일 만에 왔으니까, 21일 만에 발견됐고 22일 만에 왔으니까 한 14일, 2주 되니까 사람인지라 배고프니까 먹게 되고, 먹고 저녁 시간 물때가 되면 바로 상황실 가서 애 나오길 기다리, 지키고, 그게 일과, 하루 일과였던 거 같아요, 계속 나올 때까지…. 그리고 시간 끝나면 내려오고 또 올라가고…. 근데 진짜 작업하는 게 그런 경우도 있었어요. "진짜 작업하는 거 맞냐. 어떻게 믿냐" 못 믿겠는 거예요. 하도 안 나오니까, 밤에만 나오고 낮엔 안 나오고, 모든 게 다 의심스러울 수밖에 없었어요. 솔직히 따지고 보면은 약간 지금 생각해 보면 그럴 수 있다고 생각은 들어요. 왜냐면은 배가 이렇게 있으면 여기가 여학생 반, 남학생 반 중간이 여기가 이과반, 문과반 이랬었어요. 여기도 여학생 반 3층, 5층이 이게 일반인들이었잖아요, 위층에는 선생들이고.

따지고 보면 남자 좀 찾다가, 남자 좀 많으면 여자 좀 찾다가, 여자 좀 찾다가 또 일반인 없으니까 일반인 찾다가 그럴 수 있는 충분히 여건이 있는 상황이야. 사실 이 배가 섞여 있는 배가 아니었기 때문에 섞여 있는 사람들이 아니기 때문에 다 구분이 돼 있었잖아요. 근데 그 당시에는 남자가 2명 나오면 여자가 1명 나오고, 나중에는 여자가 또 2명 나오면 남자가 1명 나오고, 남자 45명 여자 45명, 남자, 여자가 50명 되면 남자가 48명. 너무너무 똑같이 나가고 있는 거야. "이게 어떻게 이럴 수가 있냐, 말이 안 된다" 그때 당시 그랬었어요. "이 사람들 막 모아놓고 이쪽 적으면 보태주고 좀 적으면 이러는 거 아니냐. 어떻게 숫자가 똑같이 나올 수가 있냐" 그런 의구심 참 많았었어요.

근데 이번 청문회 때 보니까 그렇더만. 작업을 순서대로 해가야 되는데 여기 좀 하다가 이쪽 부모님들이 "왜 남자만 나오냐" 그러면은 하는 도중에 중단하고 일로 갔다고 그러더라구요. 그게 잠수사들 증언이었어요, 그게. 자기네들은 이렇게 쭉 갔으면 더 체계적으로 했을 텐데 부모님들이 조금 흔들면 "일로 가라" 그러고 좀 흔들면 "저리 가라" 그러고, 그게 증언이 있었거든요. '아 이것들이 이래서 이랬구나' 그래서 '체계적으로 않다 보니까 더 뒤죽박죽. 애들 더 늦게 찾을 수 있었구나. 이것들이 우리 때문에 흔들려서 줏대 없이 이랬구나' 그게 나오긴 하더라고. 그게 이해가 가더라고. 물론 아직도 의구심이 다 풀린 건 아니에요. 우리가 흔들면 애들이 왕창씩 나왔으니까, 가만히 있으면 안 나오고.

그리고 박근혜가 오면은 애들이, 분명히 정조 시간이 끝나가고 물때가 막 올라가는, 유속이 올라가는 중인데 갑자기 다이빙 들어가고 애들 찾아오고, 말이 안 됐거든, 솔직히 [말이] 안 되거든요. 한 번도 그런 적이 없었고, 근데 누가 오면 이렇게 나오더라고. 그니까 둘 중에 하나일 거예요. 있는 애 데리고 왔거나 진짜 위험한데 박근혜 땜에 위험을 무릅쓰고 들어갔거나 둘 중에 하나거든. 아마 후자일 경우가 높을 거예요. 아마 위험했는데도 목숨을 걸고 들어가라니까, 박근혜 왔으니까 들어가라고 하니까 들어갔을 거예요. 잠수사들이 들어가면 안 되는 상황인데, 그것도 청문회에서 약간 비슷한 말을 발언했거든 잠수사들이, 그런 것도 있었고. 그 정조 시간 때 열심히 그걸 못 믿어가지고 우리가, 그때 못 믿어가지고 아마 그 상황을 [보고]받기만 하다가, 그 상황실 자체가 저희가 있는 상황실 그러니까 대기실로 옮겨 왔었어요. 옮겨 와서 그 자리에서 이게 무전기잖아, 무전기 놓고 무전기랑 다이렉트로 배하고 연결하는 선로를 터가지고 저희가 직접 듣게끔 했었어요, 처음엔 못 들었었거든.

그니까 작업하고 있는 거를 우리가 듣게끔 해달라고, 선로를 터달라고 [했어요]. 처음엔 안 터줬었어요, 그때부터 저희가 바로 들으면서 바로바로, 그래서 저희가 바로 작업하는 거 알 수 있게끔 했었어요. 그게 며칠 만인 줄은 모르겠어요. 처음에는 그니까 알 수가 없었어, 진짜 작업하고 있는지. 지네들 쓰고 있으면 '하고 있나 보다' 했지. 그게 아마 꽤 지나서였을 거예요, 아마 바로 처음에 그런 선로 안 된다 그러더라고. 다 "안 된다" 그러고 "없다" 그러고, 근데 나중에 해놨었어요. 그니까 이 사람들 막 흔들어야 마지못해서 해줬던 거 같아요. 그래서 더 무전기에 귀를 기울이면서 듣고 상황 주시하고, 그래서 더 빨리 발견된 걸 알 수 있었어요. 나중에는 발견되고 수습 다 하고 알았지만 그 당시에는 몇 번에서 몇 번 발견됐다는 거를 알 수 있었, 바로 알 수 있었으니까, 작업하는 거를. 그게 한참 지나서였을 거야, 아마.

면담자 배 도면도 처음에 안 보여줬다고 하더라고요?

동수 엄마 예, 안 보여줬었어요. 그 도면을 처음에 보여줬는데 배 개조하기 전 배 있죠, 그 도면이었어요. 그 도면이랑 실제적으로 그 안에 있는 도면이랑 틀렸던 거야, 그런 게 있었구요. 그리고 우리한테 가르쳐준 도면이 [개조]하기 전 도면이었어요. 그게 처음에 준 게 엉터리 도면들도 많았고, 엉터리 얘기도 많았고. 잠수사들도 그 이야기를 하더라구요, 자기한테 준 도면이랑 실제로 안이랑 틀려가지고 틀렸다고. 참 엉터리였어요, 그 상황실 자체가 그 해경 상황실 자체가 엉터리였어요.

면담자 매일 브리핑해 줬잖아요. 어머님도 들어가셨었나요?

동수 엄마 아니요. 그 브리핑은 동수[아빠가 들어갔고], 제가 알기로는 몇 명만 들어가서 한 걸로 알고 있는데 저는 나중에 들어갔어요. 나중에 브리핑할 때 들어갔고, 진짜 한참 뒤에 들어갔고 그 전에는 아빠 몇 분이랑 엄마들 몇 분 들어갔었던 걸로 알고 있어요. 그 사건의 처음의 브리핑도 그 건물 안에서 했었잖아요. 했었는데 그걸 밖으로 끌어내려고 했던 게 엄마들이었을 거야 아마. 그래서 그때 상황실 끌어낼 때 그 사건이 벌어졌던 게 아마 그 장관들 멱살 잡고 끌고 나온 게 엄마들이었거든요, 그 자리 만들어놓은 게. 그러면서 그게 밖에 나와서 아마 밖에서 브리핑도 하게 됐고, 그 사건 발단이 됐었던 거니까. 그때 당시에 끄집어낼 때부터가 밖에 제가 있었을 거예요, 아마. 그 당시만 해도 저는 잘 몰랐고, 엄마들 있어야 된다고 해갖고 나왔으니까, 그때.

브리핑할 때도 모르겠어요. 기억나는 것도 없고 뭔가 했다는데 무슨 말인지 못 알아듣겠고, 그니까 나중에 브리핑할 때는 뭐 몇 마일에 유실망 했고 뭐 했고 이런 것만 하고, 그런 얘기 하더라고. 뭐 그런 것만 알아듣지 나머지는 알아듣지도 못하겠고 그랬던 거 같애. 저는 많이 몰랐던 거 같애요. 처음에 아예 못 들었고 기억나는 것도 별로 없고 나중에 갔을 땐 제가 관심 있었던 게 내 애기 나오는 것, 그것밖에 없었기 땜에 바지선도 타본 적도 없고 배 나간 적도 없으니까 그랬던 거 같아요. 전 몰랐던 거 같아요, 그게(한숨).

6
동수가 발견된 날의 상황

면담자 동수를 다시 만난 날의 상황은 어땠나요?

동수 엄마 동수가 5월 6일 날 나왔어요. 5월 6일 날 나왔는데 그것도 8시 40분인가 기록은 그걸로 돼 있을 거야 아마. (면담자 : 밤 8시?) 네, 저녁 8시. 그게 저녁 그때 작업, 정조 시간이 7시부터였나 짧은 정조였어요. 얘네 아빠는 그니까 해경 그 상황실, 해경들이 근무하는 거 있어요, 거기 있었고. 저는 저희 상황실에 이거

[모니터] 하나 갖다 놓고 거기서 이제 주시하고 있었어요. 작업하는 거를 7시부터 하다가 한 8시쯤 되니까 유속이 올라가기 시작하더라구요. 그러면서 8시 반 되니까 올라와 갖고 마지막 다이빙 들어가더라고. '아, 이제 틀렸나 보다' 안 보고 전 내려와 버렸어요. 내려오는 도중에 얘네 아빠도 한 8시 반, 저랑 똑같이 생각한 거야. 8시 반 되니까 '아 이번 달도 틀렸나 보다' 그때 보면은 짧은 정조가 있고 긴 게 있었어요, 유속 시간이.

'아, 오늘은 틀렸나 보다. 우리 애가 아직도 이번에 아닌가 보다' 근데 그 당시 그날 점심도 안 먹고 저녁도 안 먹고 있었어요. 못 먹고 있었지, 밥맛도 없고 거르기 일쑤였으니까, 하루에 한 끼 먹은 적도 많았으니까. "안 되겠다 내려가자" 얘네 아빠한테 전화해서 "자기야 우리, 동수 아빠 이번 달도 아닌 것 같다, 내려가서 라면이나 하나 먹자. 먹고 또 저녁 기다리자 배고프지 않냐" 서로서로 밥을 먹일 생각에, 그러면서 저는 내려오고 얘네 아빠는 올라왔어. 상황실이 여기 있으면 저희 상황실 여기 있고 해경 상황실 여기 있고 길이 죽 있고 서로서로 가는 도중에 만난 거야.

만나기 전에 그때 5월 6일이 초파일이었어요, 연등 행사 하고 있더라구요. "아, 연등이네" 그거 보면서 저는 교회 다니는 것도 아니고 불교 다니는 것도 아니었지만 저도 모르게 손 모으고 "제발 나왔으면 좋겠다" 기도를 했어요. 근데 얘네 아빠도 자기도 모르게 저 연등을 보면서 기도를 했다고 그러더라구요. "동수야 그만 가자, 와라" 직접 연등을 제가 띄운 건 아니지만 그걸 보면서 서로서로 기도를 한 거야. 그때 당시에 다 그랬을 거야. 아마 모든 부모님들이 그거 보고 기도했을 거라고, 아마 다 똑같은 마음이었으니까. 그러고 있는데 애 아빠 보이더라고. "가서 우리 라면이나 하나 먹읍시다, 그리고 저녁에 또 기다립시다", "배고프지 않냐"고 "그거 먹고 힘내야 애 또 기다리지 않냐"고 그래 가지고, 근데 그때만 해도 대한적십자랑 뭔 적십자랑 저녁 시간이면 끝났기 때문에 끝났었어요. 밥 먹기도 싫어도 가면 밥 줬을 거야 아마. 먹기도 싫고 그래서 그냥 "라면 하나 받아다가 라면 먹읍시다" 그래 갖고 저희 텐트 가서, 밑에 쪽이었어요.

내려가서 물 받아서 라면 한 두어 젓가락 먹고 있는데 제 거 핸드폰으로 전화가 오더라구요. [지역번호가] 063이었나 064였던 거 같아요. 064[061 전남 지역번호]가 전라남도 건가 그럴 거야 아마. 그때 당시만 해도 가족 상황판에 전화번호가 제 거 먼저, 동수 아빠가 뒤에 있었고 [해서] 저한테 전화가 왔어, 064로. 근데 괜히 떨려갖고 못 받겠는 거야. 064니까 동수 아빠한테 받으라고 "자기야 064로 왔는데 좀 불안하다, 이상하다" 느낌이 갑자기 온 거야. 상황실이 064다 보니까 제가 못 받고, 제 거 핸드폰인데도 못 받겠더라고. 동수 아빠가 받았어요. "여기 무슨 상황실인데 아까 8시 사십몇 분에 마지막 애를 데리고 왔는데 동수더라. 동수라는 지갑이 있는데 동수라는 이름 갖고 왔더라" 이러면서 전화가 온 거예요.

저한테 왔는데 동수 아빠가 받고, 그러면서 동수 아빠가 계속 그 상황실 다녔잖아. 동수 아빠는 이미 그쪽하고 해수부 애들한테 해경 애들한테 해놨나 봐. "180[cm]에, 키 185에 180이 넘는다"고 했고, "몸무게가 건장한 80kg 이상 되면, 시체만 갖고 오시면 연락 주라" 했었나 보더라구요. 계속 다니면서 그분들한테 친분도 만들어, 암만 뭐라고 할지언정 친분도 만들어놓고 그런 개인적 조사 해달라고 무조건 했었나 보더라고. 근데 지갑 갖고 나왔으니까, 당연히 동수라는 이름 갖고 있으니까 전화 왔겠죠. 그래 갖고 연락이 왔더라고, 저한테 직접 온 거니까. 원래 그렇게 안 해주는데 온 거예요. 그러면서 "왔다"고, "확인, 지금 수습했는데 몇 시에 올 거"라고 그니까 전광판에 뜨기도 전에 먼저 연락이 온 거예요. 그게 저희는 애네 아빠가 그렇게 작업도 해놔 가지고, 그래 갖고 조금 지나니까 전광판에 뜨더라고(한숨).

185에 280, 268번이었구나. 68번 번호를 달고 정동수, "동수라고 추정되는 이름으로" 동수라는 말은 안 하고 지갑에 학생증이니까 그래 갖고 나오더라구요. 그러면서 신발이며 옷이며 다 동수. 그니까 그때 사 입혔던 그 옷이더라고. 신체 특징은 없고 이미 너무 오래됐기 땜에 따로 신체 특성은 없어요. 없고 갖고 나온 것만 나오더라고. 그게 22일 만에 나온 거니까(한숨). 근데 나오기 전에, 동수 나오기 전에 꿈도 꿨어요. 제가 그 텐트 안에서 저녁에 잠깐 잠깐 눈을 붙이는데 동수가 그 텐트 앞을 지나가더라고요. 제 앞에 제가 이렇게 누워 있으면 지나가더라고요. 꿈에서도 텐트였어요, 그 텐트. 그러면서 저한테, 제가 여기 있으면, 이렇게 누워 있으면 옆에다가 뭘 주고 가더라고요. "엄마 260 뭐" 하면서 뭘 주고 갔어요. 그러면서 담배를 피면서 지나가더라구요, 애가 꿈속에(한숨).

'동수가 올 때가 됐나 보다' 했었어요, 사실은 근데 260몇 번이라 하더라구요. 근데 끝에는 제가 기억이 안 나는 거야, 몇 번이라고 했는지. 근데 그 당시 꿈꿀 때가 100몇 번이었어요. 그래 갖고 '얘가 몇 번에 올라고 그러지. 260몇 번이면은 설마 260몇 번으로 오는 거 아니겠지. 160몇 번도 아니겠지' 끝에서 6번 온갖 맞춰도 다 아닌 거야. 근데 265번, 65번이라 그랬구나, 100몇이 아니라 "엄마 무슨 65번이에요" 이러더라고. "무슨 무슨 65번이에요" 그래 갖고 65번이랑 연관된 걸 막 찾다 보니까 '끝에서 65번인가, 앞에서 65번인가? 165번인가? 이미 165번이면 지나갔는데' 거의 지나갈 때쯤이었어요, 165번이 그래 갖고 좀 근데 265번이 동수가, 아마 승희인가 누군가 265번이었어요, 걔랑 같이 나왔던 거야. 그날 265번이 그 정조 시간에 8시에 걔 나올 때 같이 마지막에 나온 애가 동수였거든, 268번. 걔 나오고 몇 번 뒤에 나왔으니까 걔랑 같이 나왔거든.

그러면서 저한테 그 꿈에 암시도 있었고, 나중에 알게 된 사실인데 우리 아버님한테도 왔다 갔다 하더라고 동수가. 며칠 전에 할아버지 집에 왔다 갔다 하더라고요. 근데 할머니가 데리고 왔다고 하더라고. 저희 할머니, 어머니가 돌아가셨거든요. 어머니가 동수 손잡고 왔다고 하더라고 아버지한테. 근데 기가 막힌 거는 집에도 못 들어오고 할아버지 대문 밖에서 동수가 지 왔다고 대성통곡하고 울고 갔다고 하더라고. 그 소리 듣고 또 억장이 뒤집어졌지, 죽

겠더라고요. 그 소리 듣는데 '왜 집에도 못 들어오고 밖에서 울다 갔나' 싶기도 하고, 한편으론 '할머니가 동수 데리고 갔구나' 싶기도 하고, 한편으로는 '그 두 할머니가 동수 좀 지켜주지, 왜 못 지켜주고 데리고 갔나' 싶기도 하고…. 저희 엄마도 돌아가셨어요, 친정엄마, 시엄마 다 안 계시거든. '그 예쁜 손주 좀 지켜주지 예쁘다고 데리고 가버렸나' 원망스럽기도 하고 그때는 그랬던 거 같아요, 지금도 마찬가지긴 하지만(한숨).

면담자　　동수 나오고 나서 직접 확인하셨나요?

동수 엄마　　못 했어요. 보려고 했는데 갔는데, 봤어요, 보기는. 근데 정확하게 못 봤어요. 동수 그냥 얼굴 보고 제가 쓰러져 버렸어요. 너무 충격에 저는 상상도 못 했어요, 그 얼굴일 거라는 건. 엄마 돌아가셨을 때, 할머니 돌아가셨을 때 다 봤는데 상상했던 모습이 아니었어요, 그 모습에 충격에…. 저 팽목항에 20일 있으면서 사실 한 명도 안 봤어요. 올라오는 애들을 한 명도 안 봤어요. 그게 물론 불안해서 못 본 것도 미안, 무서워서 못 본 것도 있고, 불안해서 못 본 것도 있지만 동수 아빠가 못 보게 한 것도 있고 "볼 필요 없다. 네 새끼만 봐라" 그런 것도 있었고 또 제가 무서워서 못 본 것도 있어요. 근데 막상 내 새끼를 봤는데 말도 안 되는 모습이더라구요. 그거 보고 놀래서 진짜 나자빠졌었어요. 그래서 못 봤어요. 그래서 입관식 때도 못 봤어요. 정확하게 자세히는 못 봤어요. 한 번 만져주지를 못했어, 우리 아들을. 엄마가 너무 나약해서(한숨).

7
아이를 기다리면서 생긴 심경 변화

면담자 동수를 기다릴 때의 마음은 어떠셨나요?

동수 엄마 모르겠어요, 아무 그게 없었던 거 같애. 그냥 오로지 기다렸던 거 같아요. '하루가 또 가는구나, 또 가는구나, 또 가는구나. 이러다가 나만 남는 거 아닌가' 그것뿐이었던 거 같아요, 기억에. 한 명, 한 명 빠져나갈 때마다 미치는 줄 알았으니까. 제가 저희 텐트 랭킹 3이에요, 세 번째로 나왔어요, 마지막 뒤에서. 제 뒤에서 두 분 남겨놓고 나왔어요, 두 가족. 미치겠더라고 나오면서도, 그 두 가족한테 너무 미안했고, 미안해야 될 상황이었으니까. 그때 그랬어요, 마지막이 될까 봐 제가 진짜 마지막까지 있었기 땜에 동수 뒤로 아마 30명도 안 됐을 거야. 268명이면 300명이잖아요. 정말로 진짜 40명도 안 되잖아, 지금 9명이 있으니까, 9명이 아직 지금 안 나오고 계시니까 아마 동수 뒤로 30명밖에 안 나왔을 거야. 그러니까 거의 마지막에 나왔다고 봤잖아요. 저희 텐트에서 제가 마지막 뒤에서 세 번째로 나왔으니까.

끔찍했어요, 솔직히. 내가 마지막이 될까 봐, 나만 남게 될까 봐, 못 찾을까 봐, 동수보고 찾아서 그랬던 거 같아요. '진짜 내 새끼가 죽었구나' 그런 맘도 있었구요, '찾았구나' 안도감도 있었고. 솔직히 저는 그래서 잠을 못 잤고 얘네 아빠는 계속 잠을 못 잤어요. 붙들고 있느니라고 그러더라구요. 그렇게 졸음이 밀려오더래요. 동수 찾고 나서 찾았다는 안도감에 그날 동수 아빠가 자더라고. 그니까 찾은 날은 못 잤고 찾아가지고 동수가 다 수습돼서 팽목항으로 와서, 그 왔는데 바로 못 가잖아요, 유전자 나와야 되니까. 그 유전자 찾고 확인되고 올라올 때 저희가 비행기로 올라왔어요. 해군 그 비행기 타고 올라왔는데 거기서 그렇게 자더라고. 애 인계받고 저는 모르겠어요, 잘 수가 없었지만 애 아빠는 그때 그렇게 자더라고. 저는 제일 잘 잤다고 하기보다는 그래도 잔 게, 걔를 데리고 와서 고대 영안실 넣어놓고, 저희 집에 와갖고 그날 밤에 잤던 거 같아요, 편하게. 편하게라기보다는 그냥 그래도 '아, 집에 왔구나' [하고] 그날 잔 거 같아요. 그니까 그날 데리고 와서 저희가 7일 날 저녁에 안산에 와서, 고대에다가 동수 놓고, 재워놓고 집에 와서 자고, 그다음 날 8일 날부터 장례 시작했거든요. 8일 날 장례 시작했는데 7일 날 저녁에 집에서 그날 안도감에 잤던 거 같아요 (한숨).

8
장례 과정

면담자　그러면 그 장례 과정 중에 느끼신 점에 대해서 조금 얘기해 주실 수 있을까요?

동수 엄마　그땐 아무것도 느낄 수가 없었어. 정신 못 차렸었어요.

면담자 장례를 정부에서 지원해 주기로 했는데 아직 해결이 안 됐다고 하던데요.

동수 엄마 그게 장례는 정부에서 지원이 되는 건지 아니면 나중에 들리는 말로는 나중에 보상금에서 뺀다는 말이 있더라구요. 그렇게 알고 있으라고 하더라고 동수 아빠가. 처음 생계분과 있잖아요, 먼저 보상받은 사람도 있기는 하지만 저희는 그냥 상관없어요. 해주든지 말든지 빼든지 상관없는데 그거는 중요치도 않고 해줘도 다 필요 없고. 근데 장례 날 이만큼한 고리[만] 있어도 진짜 많이들 오셨어요, 솔직히 전혀 모르시는 분도 많았고. 사회단체, 복지단체, 무슨 시민 그런 조금만 고리 있는 분도 많이 오셨고, 정치 연결되어 있는 분들도 참 많았고, 물론 저희 유가족분들 먼저 올라오신 분들도 많이 오시고. 화면에 제 얼굴 봤다고 친구들 연락해서 친구들끼리 해갖고 초중고 동창들도 많이 왔고. 솔직히 누가 왔는지도 모르지만 나중에 보니까 많이들 왔더라구요. 안산시에서 자원봉사 해갖고 오신 분들도 있었고, 뭐 기억나는 거는 시장 부인이라고 자기 밝히고 오신 분도 있었고. 참 어떻게 장례를 치렀나 모르겠어요(한숨).

그냥 '3일이 빨리 지나갔음 좋겠다' 싶을 정도였어요. 사람 맞이하는 것도 너무 힘들었고 안 왔으면 좋겠었고, 솔직히 안 왔으면 좋을 정도로 너무 많이 있었기 때문에 힘들었기 때문에 '내가 지금 뭣 하고 있나' 싶을 정도였어요. 솔직히 말하면 '내가 왜 저 사람들 오는 데 다 맞이하고, 인사하고' 해야 되는지 그게 싫을 정도였으니까. 나중에 정신 차리고 인터넷에 찾아본 적이 있어요, 우리 아들 이름으로. 그랬더니 거기에 한 건이 뜨더라구요. 그 세월호 아이들 장례식장에 갔다 오면서 후기 남긴 글이 있더라구요. 그거 봤더니 우리 아들 장례식 날 봉사해 줬던 청년이야. 아가씬데 학생이었던 거 같애. 학생인지 잘 모르겠는데 청년인데 그 후기를 남긴 걸 읽었는데 '참 감사하다' [싶어서] 찾아보고 싶지만 찾을 수 없는 그런 감사한 분들도 나중에 지나서 기억이 나더라구요. 처음에는 봉사하신 뭔지 다 없었어요, 챙길 여력도 없었고.

근데 '아, 이렇게 남의 일에 아파하고, 아무 조건 없이 봉사하고 참 고마우신 분들이 많구나' 그게 한참 뒤에 찾게 되더라구요. 감사하다고 댓글 남길려고 했는데 그 사이트에 그 남기는 블로거가 있더라구요. 가입해야 되더라고, 그래서 못 했어. 참 감사했었어요, 알고 봤더니 그때 자원봉사 했다고 저희 회사에서 3일 동안 장례식장을 지켜주는, 지켜주라고 대표님이 얘기해서 와 있는 애들이 둘 있었어요. 아예 걔네는 출근을 장례식장으로 출근한 거야, 회사로 출근한 게 아니라. 대표님이 시켰다고 하더라고, 저 힘드니까 "회사 오지 말고 대신 거기로 출근해라"[고]. 걔가 그러더라고 "거기 있었다"고, "기억난다"고, "자기랑 같이 3일 동안 장례식장에서 봉사해 주고 간 애 있었다"고 그렇게 알게 모르게 신경 써주고 감사한 분이 참 많았었어요. 물론 그렇게 자원봉사 해갖고 생색내러 온 분들도 있었지만, 근데 그런 몇 분 땜에 그렇지 진짜 그렇게 했었던 거 같애. 장례식은 그게 젤 기억에 남아요, 그렇게 뒤에서 해주신 분들. 다른 건 기억나는 것도 없어, 무슨 정신에 장례 치렀는지 모르니까. 진짜 피하고 싶었어요 장례식 날. 3일 너무 싫었어.

면담자 지금 동수는 어디에 있나요?

동수 엄마 평택 서호예요. 서호에 어제도 갔다 왔는데 가면 너무 힘들어, 숨 쉬기가 힘들어. 가면 갈수록 가서 얼굴만 보고, 동수만 우리 애만 보고 그냥 바로 와버려요. 힘들어, 애한테 미안하기도 하고(한숨).

면담자 그 당시에 따님은 어땠나요?

동수 엄마 아까도 얘기했듯이 딸은 제가 사고 나고 무슨 상황인지 모르는 상태에서 내려갔잖아요. 말 그대로 모르는 상태에서 내려갔기 땜에 애 챙길 시간이 없었어요. 문자만 남기고 갔어요. "오빠가 탄 배가 기울어졌다. 그래서 엄마 지금 진도 가는데, 너무 놀래지 말고 엄마가 내려가서 전화할 테니 있으라" 문자만 남기고 갔어. 그 문자를 애는 학교에 있으니까 몰랐다 하더라고. 근데 선생님이 먼저 알았다고 하더라고, 저랑 연락 안 되고 하니까. 근데 저는 언니 생각 못 했는데 언니가 바로 학교에 전화해서 다 수습해서 애를 그날, 당일 날 16일 날 데려갔어요, 하남으로 바로. ○○이가 20일 동안 하남에 있었어. 30일 동안 거의 20일 동안이구나, 하남에 있었어요, 언니한테. 거기서 선생님하고 통화하고 연락하면서 학교에 대는 거 거 다 언니가 다 해결하고, 중간고사 시험도 선생님하고 언니하고 통화해서 다 해결하고, 그 상황이었고…. 언니가 다 해결했어, 딸은.

팽목항에는 ○○이가 아마 그때 5월 5일, 6일 아마 연휴였을 거예요. 며칠, 제가 알기로는 그렇게 알고 있는데 그때 팽목항에 왔다 갔어. ○○이가 딸이, 딸이 ○○인데 딸 이름도 아들이 동수잖아요. 그래서 남매, 애를 많이 안 낳기 땜에 동수니까 '동' 자 돌림하면 이상하잖아. 그래서 '수' 자 돌림을 하다 보니까 그래서 이름이 ○○이가 된 거예요. 어디 가서 둘이 꼭 같이, 남매니까 둘이 같이 의지하고 살으라고 이름도 그렇게 지었던 건데…. 또 ○○이가 팽목항에 5월 5일 날 왔다 갔어요. 그래 갖고 5일 날 왔다가 아마 6일 날 올라갔을 거예요. 하루 자고 ○○이가 올라가는 중에 동수가 온 거야, 6일 날. "이 새끼가 동생 왔다 가니까 동생 보고 싶었나 보다" 그때 그랬었지 언니들이, "왔다 가니까 오는구나, 동생한테 지 모습 안 보여주려고 가니까 오는 건가" 하고. 그래서 ○○이는 많이 안 봤죠. 거기 왔다 가고 오빠 왔고, 걔 가니까 오빠 오고, 장례식 3일 내내 ○○이가 오빠 지켰고.

지금도 모르겠어요. 사고 나고, 원래 우리 딸 공부하는 애가 아니거든, 오빠는 원래 공부하는 애였고. 근데 목표를 정하더니 공부를 하기 시작하더라고. 지가 막 '안 하면 안 된다' 느꼈던 거 같아요. 그러더니 공부도 하고 지금도 열심히 해요. 그니까 지 학업을 열심히 해요, 바뀐 게 그거야. 걔가 그때는 ○○이가 중3이었어요, 사고 났을 때가 중3이었는데 갑자기 안산 상록수[상록구] 디문고[디자인문화고등학교] 특목고잖아요. 가겠다고 공부를 하더라구요. 원래 지 실력에 못 가는데 공부하기 시작하더니 지 거기 간다고 진짜 열심히 공부했어요. 그래 갖고 거기 들어갔고 가갖고도 지 대학교 간다고, 무슨 뭐 하던데 시각디자인과 갔는데 그쪽으로 한다고 열심히 공부하고 학원 다니고. 그림 미술학원 다니고 있거든요, 미술 공부. 열심히 그림 그리고 영어 안 하면 안 되니까 영어, 수학 열심히 과외하면서 또 욕심이 생기더라고 공부에서. 그래 갖고 공부하고 그러면서 또 학교에서는 지금 학생부에 있어요. 그래 갖고 학생부 활동도 해가면서, 그니까 노는 시간이 얼마 없어요. 학원 다니랴 과외하랴 과외하면서 학생부 일까지 하니까, 근데 바삐 살더라고 애가.

그게 지가 할 일이라고 생각한 거 같아요, 지가 지금. 그래서 안타까워서 아침에 꼭 해 먹이고 도시락 싸주고 제가 1년을 그렇게 했던 거 같아요. 시화 살면서 아침 못 먹고 가니까 꼬박 도시락, 그니까 도시락도 거창한 거 아니고 그냥 샌드위치 항상 싸줬거든요. 〈비공개〉 빵이 샌드위치, 햄 이런 거면 들어가다 보니까, 좋아하는 거 들어가다 보니까 그러더니 그렇게 먹고 다니고. 그렇게 하고 아들한테 한 번도 못 했던 거 딸한테 했네, 1년 동안에. 아들내미는 아침 꼭 먹고 학교 갔어요. 밥을 제가 저녁에 해놓으면 아침에 지가 챙겨 먹고 갔거든. 걔는 굶는 애가 아니니까 저는 항상 저녁을 해놓고 자고, 퇴근해서 밥해놓고 나면 아침에 걔가 먹고 가고. “엄마, 엄마 저 학교 가요” 깨우고 가요. 그럼 저 일어나서 씻고 바로 출근하고.

직장 다녀보니까, 직장 다닌다는 핑계예요, 그게. 근데 지금 논다는 핑계로 아침에 ○○이 해 먹이고 도시락 싸 보내고 그랬던 거 같애. 걔는 그렇게 열심히 살았던 거 같아요, 그게 지 할 일이라고 생각하고. 근데 거기서 여기 형제자매들하고 어울리진 않아요. 처음부터 시화였기 땜에 어울릴 수 있는 풍경도 아니었고 여건도 아니었고, 그렇다 보니까 지금은 어색하니까 안 어울리게 되고. 지금 걔는 그렇게 보내고 있어요, 지금도 지 할 일 하면서. 오늘 개학했네(한숨).

면담자 참사 즈음에 대해서 더 하고 싶은 말씀이나 생각나는 거 있으세요?

동수 엄마 모르겠어요. 지금 내가 당일에 뭐 했나 되짚을라고 해도 안 되짚어져요. 너무 힘들어서 그럴 거야, 아마. 그게 엉망이었으니까 당일 날은, 처음에 학교에서부터 엉망이었으니까. 〈비공개〉 이번에 동거차도 갔다 왔었어요. 1월 1일 날, 31일 날 동거차도 갔다가 그때 우리 조명탄 막 했잖아요. 그때 불났다고 했던 집 있었어요. 동거차도에 불났다고 그것 땜에 뉴스에 잠깐 나왔었거든요, 그 불난 현장 갔다 왔었네. 그거 그냥 쇼맨십 한 거였잖아, 조명탄이 전혀 밑에하고 상관이 없었대요, 전혀 상관없었다고 하더라고(한숨). 더 하고 싶은 거는 이거밖에 없는 거 같애. 엄마가 아들 문자 놓쳐갖고 이거랑, 학교에서… 잠깐만…. 학교에서 제일 이거네요, 9시 50분에 단체 문자 보낸 거, (휴대폰을 보여주며) 거짓말한 거. 그러니까 이런 사건을 제일 먼저 가르쳐준 게 당사자야. 당사

자. 학교도 아니었고 정부도 아니었고 그 누구도 아닌 당사자, 내 새끼였던 거지.

근데 거의 부모님들이 그래요. 지금 말이 안 되잖아요. 학교에서 그렇게 쉬쉬했다니까. (면담자 : "무사하다"고 써 있네요) 그렇죠. 그것도 시간 봐봐요, 9시 50분이에요. 9시 50분이면 얘가 배가 이미 거의 야, 이미 그 새끼들[선원들]은 탈출한 시간이에요. 근데 이렇게 와요. 더 웃긴 거는 다 알겠지만 그러고 이렇게 와, 10시 4분에 120명 구했대. 단원고 학생 몇 명 구했죠? 토털 70명이에요. 네, 안 돼요. 이 짓거리 했어, 이 짓거리를(한숨). 그리고 11시에는 다 구했다고 문자가 왔고. 이 문자를 보면은 이렇게 와요. 10시에 11시에 왔잖아요, "무사히 다 구했다"고. 그러더만 여기 보면은 "단원고 해경 구조 현황 학생"이라고 그랬어요. "단원고 해경 구조 현황" 다 구했다고 나왔죠. 여기 보면 "해경 구조 현황"이래. 그때 발표한 거야, 그러니까 참.

면담자 해경이 발표한 거를 받아서 전달을 했군요.

동수 엄마 그렇죠. 이거 발표한 사람 찾았더니 모르고(헛웃음). 그 해경도 그 뉴스에 나온 자막 보고 그랬다대. "좌천됐다" 그러더니 저 어디 가서 똑같은 해경 하고 있어요. (휴대폰을 보며) 처음부터 접한 거부터 거짓말했기 땜에 저희가(한숨).

면담자 그러면 오늘은 여기까지 하구요, 다음번에는 참사 이후에 어떻게 살아오셨는지 말씀해 주시면 됩니다. 혹시 오늘 다 못 하셨던 얘기가 있으시면 다음번에 남기겠습니다. 감사합니다.

3회차

2016년 2월 22일

1 시작 인사말

2 동거차도 방문

3 진상 규명 활동하며 기억에 남는 일화

4 국회 지킴이 활동 시절 기억나는 일화

5 청문회 기간의 상황

6 4·16 참사 이후 가장 화가 났던 점

7 4·16 참사 이후 가장 위안이 되었던 일

8 동수 여동생과 가족의 안부

9 4·16 참사 이후의 활동 중 후회하는 점

10 4·16 참사 이후에 세상에 대한 관점의 변화

11 진상 규명의 전망과 의미

1
시작 인사말

면담자 본 구술증언은 4·16 사건에 대한 참여자들의 경험과 기억을 기록으로 남김으로써 이후 진상 규명 및 역사 기술에 기여하고자 합니다. 지금부터 김도현 씨의 증언을 시작하겠습니다. 오늘은 2016년 2월 22일이며, 장소는 안산시 단원구 정부합동분향소 내 불교방입니다. 면담자는 박여리이며, 촬영자는 김솔입니다.

2
동거차도 방문

면담자 저희가 2차를 진행하고 난 뒤, 그동안 어떤 일이 있으셨는지 먼저 짧게 여쭤보겠습니다. (동수 엄마 : 그동안이면 언제부터?) 저희가 2주 전에 뵙고 못 뵀어요. (동수 엄마 : 아) 동거차도 가셨다고 들었어요.

동수 엄마 네, 그사이에 동거차도 가갖고, 원래 애 땜에 1박 3일로 일정 잡고 갔는데 비바람에 눈에, 바람 때문에 배가 안 떠가지고 5박 6일 만에 나왔어요. (면담자 : 왜 가신 거예요?) 그니까 한번은 그때 1월 1일 날, 31일 날, 작년 31일이죠. 갔었는데 그때는 1박 2일이라 진짜 아무 느낌 없이 그냥 갔다가 그냥 울다만 왔는데, 다시 제대로 한번 가고 싶어서 반 엄마들이랑 들어갔죠. 들어갔다가 바다도 보고 애 가까이도 가보고 그러고 싶어서 갔어요. 원래 목적은 동거차도 지킴이로 갔는데, 그 지킴이라는 거는 바지선에서 솔직히 뭐 하는지 우리는 볼 수 없잖아요. 그렇지만 그래도 우리가 보고 있다고 그 사람들에게 알려주기 위해서 지키는 건데, 우리 갔을 때는 파도에, 비바람에, 눈에 그래서 바지선이 열로[여기로] 들어오기로 했는데, 11일 날 들어오기로 했는데 못 들어오고, 내가 못 들어가듯이 걔네들도 못 들어가요. 그래서 그냥 들어가서 아무것도 못 하고 바다만 보다가 애들한테 리본만 묶어주고 그러고 왔어요.

면담자 거기 분위기는 어떻던가요?

동수 엄마 분위기는 시골 동네다 보니까, 또 섬이다 보니까 동네 주민이 없어요. 저희 집 빌려주시는 그 성함이 기억 안 나네, 그 집 분밖에 못 봤고 동네에 없어요, 사람이 섬이다 보니까 없고. 물론 저희 베이스캠프 올라갔을 때는 착잡하죠. 그래도 그런 느낌은 있더라구요. '아이 가까이 있구나' 좀 포근하다는 느낌 있죠. 그런 느낌 저는 들었어요. 그러니까 '여기 내 애가 있겠구나' 싶더라고요. 가니까 팽목항이 아니고 '여기가 내 애가 있어야 할 자리다' 싶더라구요. 가니까 시간 있을 때마다 가고 싶은 장소인 거 같애. 그래도 아픈 장소이지만 그래도 가고 싶은 장소인 거 같애. 여기 안산보다도 더 가까이 있고 싶은 동넨 거 같애 거기가. 다른 엄마들은 어떤 줄 모르겠지만 저는 그러더라구요. 그리고 올라와서 뭐 했더라…. 아, 어제 일요일이었죠, 우리 반 엄마 친정아버지 돌아가셔서 장례식장 갔다 오고, 갔다 와서 기분 좀 침침하고 조금 그렇고…. 갔다 와서 집에만 있다가 그러고 있었어요, 2주 동안(웃음).

면담자 동거차도 가셨을 때 미수습자 유가족분들도 만나셨나요?

동수 엄마 네, 만났어요. 은화 어머니 만났고 다윤 어머니 만났고. 〈비공개〉

3
진상 규명 활동하며 기억에 남는 일화

면담자 벌써 참사가 있고 나서 2년이 지났는데 그사이에 여러 가지 일에 활발히 참여하셨다고 들었어요. 그중에 기억에 남는 일이 있으신가요?

동수 엄마 기억에 남는 거, 1주년 때 도보로 참여, 처음으로 걸어간 게 도보였잖아요. 1주년 여기 안산에서 서울까지 그때가 솔직히 제일 기억에 남고요, 비 맞고 진짜. 그리고 두 번째 영정 들고 갔을 때, 그때 해서는 안 되는, 애들한테 해서는 안 되는 일인데 오죽하면 했을까 하지만, 원래는 애들한테 하면 안 되는 거잖아요, 영정 자체를 옮긴다는 거는. 아직 우리는 애들은 안 보냈다고 생각해요. 말로는 "좋은 데 가서 잘 있을 거라" 하는데 아직 우리는 영결식을 안 했잖아. 애들은 아직 여가 있잖아, 위패가 지금. 그래서 함부로 옮기는 거 아니라고 저도 내 마음속에 느끼는데 근데 그게

[기억에] 남죠. 그게 남고, 동거차도까지 걸어간 것도 기억에 남고…. 그런, 그니까 몸이 힘든 만큼 남는 거 같애요, 남았던 거 같애. 딴 거보다도 간담회 가고, 동거차도 가고, 광화문 가서 지키고, 서명전 다니고 이런 거보다 그런 게 남은 거 같애. 물론 남들한테 시선이야 어떻게 보였건, 가면서 욕도 많이 먹고 했지만 그래도 제일 기억에 남은 거 같애요.

면담자 1주기 '도보 행진'에 참여하시게 된 계기가 있나요?

동수 엄마 1주년 도보, 그니까 도보가 겨울에 갔죠, 겨울에 했잖아요. 그게 주최자가 저희 신랑이기 때문에 동수 아빠였어요. 그니까 인양분과랑 진상분과 그리고 뭐 연대[4월16일의약속국민연대] 이렇게 했잖아요. 그러다 보니까 완주도 하고 싶었지만 동수 아빠가 완주하기 때문에 둘 다 완주 나갈 순 없잖아요, 집에 애가 있으니까, 그러다 보니까 우리 반 때 가고 첫 출발할 때 하고. 그리고 그때만 해도 집에 가만히 있을 순 없었어요. 솔직히 복장 터지고 그래서 뭔가를 해야 되는데, 그때만 해도 그랬던 거 같애. 마음속에 내 몸을 괴롭혀야 내가 산다고 생각했던 거 같애, 그래서 참여하게 된 거 같애. 지금 생각해 보면 그래요. 솔직히 내가 힘든 만큼 애한테 좀 덜 미안하다고 생각했으니까, 그때 당시만 해도. 지금도 마찬가지지만 모르겠어, 많은 분들이 그렇지 않을까 싶어요. 내가 아파야 애한테 좀 덜 미안하고 내가 뭔가 해야 애한테 덜 미안하고 했기 땜에 아마 도보를 하지 않았을까…. 안 그랬으면 못 했을 거 같애 다들. 솔직히 말이 쉽지 지금 엄마들 다 그래요, "지금 하라고 하면 못 할 거 같다, 못 할 것 같다". 근데 지금 또 하라 그러면 할 거야, 죽더라도 할 거야 엄마들. 근데 그랬던 거 같애. 그때 당시만 해도 더 그런 맘이 강했던 거 같애요.

면담자 걸을 때 기분은 어떠셨나요?

동수 엄마 걸을 때 물론 다리 아팠죠. 근데 그거는 아무것도 아니었던 거 같애. 지금 생각해도 그때도 마찬가지지만 다리 아픈 거보다 아이가 더 아팠기 땜에, 그냥 아이만 생각하고 갔기 땜에 솔직히 몸은 그렇게 힘들지 않았어요. 저희가 진짜 한 1킬로미터, 2킬로미터 이상 걸어본 적도 없지만, 평상시에는 걸을 일 별로 없잖아요. 근데 그랬던 거 같아요, 몸 아픈 것보다 그 마음 아픈 거를 이겨내기 위해서 걸은 거기 땜에. 물론 갔다 와서 다들 막 힘줄 터지고 난리 좀 있었지만 잘한 거 같아요, 지금 생각해 보면 그래도.

면담자 왜 잘한 거 같다고 생각하고 계신가요?

동수 엄마 그거 하면서 그래도 조금은 치유가 된 거 같아요. 애한테 미안한 감정, 그리고 여기 답답했던 그 느낌 그런 게 조금 사라지고 없어진 거 같으니까. 물론 애한테 아마 미안한 건 좀 줄었겠죠. 그니까 이게 화병도 조금 내려갔겠죠. 엄마들이 그랬던 거 같애, 아마 감정 치료가 좀 됐던 거 같애요. 울면서, 진짜 힘드니까 울잖아. 울면서 소리치면서 막 힘들 땐 욕하고, 노래 부르고 그러면서 감정 치료가 됐던 거 같아요. 우리는 그게 이런 활동 하면서 감정 치료를 하는 거 같애, 지금 뭐 상담해서 감정 치료가 되는 게 아니고. 이런 활동 하면서 진짜 울면서, 울부짖으면서 감정 치료를 하는 거 같아요, 지금 보면 그러니까 견디는 거 같고.

면담자 간담회도 많이 다니셨을 거 같아요.

동수 엄마 아니요. 저는 말주변이 없어서 간담회는 안 가고 저는 주로 하는 게 국회 지킴이, 저희 반 국회 지킴이. 다른 반 간담회 다니고 그럴 때 그리고 법원 그리고 지금은 광화문. 피케팅은 제가 허리가 안 좋아서 서 있는 걸 1시간 이상 서 있지를 못해요. 디스크 땜에 피케팅은 급한 거 아니면 [안 갔어요]. 엄마들 보면은 자기들이 본인들이 할 수 있는 영역에서 그런 거 같애. 피케팅 주로 하시는 분은 피케팅하시고 저희처럼 광화문 가서 광화문 지킴이 하는 분들도 있고, 또 서명장 다니시는 분, 간담회 주로 다니시는 분 있어요. 지금은 근데 저희는 작년이랑 재작년엔 거의 국회 지킴이었고요. 영석 엄마 마찬가지로 청운동 지킴이일 때 저희는 국회를 지켰어요.

저희 반이 항상 국회에 있었고, 당번 정해 돌아가면서 국회를 지켰고, 지금은 광화문 다니고 조금씩 여기 분향소 공방 활동을 조금씩 하죠. 작년만 해도 전혀 안 했거든요, 근데 올해부터는 온마음센터도 좀 다니면서 프로그램 참여도 하고 조금씩은 그러고 있는 거 같애. 오늘도 온마음센터 연극 동아리 그런 모임 참여가 있고, 연극이 아니라 그냥 대본 보면서 웃고 울고 그러고. 솔직히 말하면 감정을 털어놓는 거예요. 말이 연극이지 그런 활동들을 참여하면서 조금은 감정 치료를 하고 있는 거 같아요. 지금은 물론 급

하면 국회도 가고 광화문도 가고 학교도 쫓아가고 교육청도 쫓아가고 있고, 그게 우선이고 그 나머지 시간에 센터 이용하고 그러고 있어요, 지금은.

면담자 온마음센터나 치료 활동에 참여하는 쪽으로 마음이 변화된 계기가 있나요?

동수 엄마 마음의 변화보다는 저희가 주로 가는, 지켜야 될 데가 없잖아요. 옛날처럼 계속 매주마다 있던 게 아니다 보니까, 시간이 있다 보니까 집에를 못 있어. 집에 있으면 내가 뭐 해야 될지 몰라요. 그렇다고 계속 쓸고 닦을 수도 없고, 집에 하루 있는 게 우울해. 너무 우울하다 보니까 한번 집에 있으면 안 나가려고 그래요. 그러다 보니까 엄마들끼리 "안 되겠다. 우리 이렇게 몇 명 모여서 프로그램 참여하자" 그래 갖고 참여하게 된 게 처음에, 작년에 '온마음'이랑 여기 '피움'이었어요. '피움'에서 바리스타 커피 내리는 추출하는 거, 바리스타 입문 교육이었거든 그게. 바리스타는 옵션이고 거의 좋으신 분들 오셔서 말씀해 주시고, 종교 분들 사회활동 하시는 분들 와서 말씀 전해주시고. 그게 그거 하다 보면서 온마음센터며 '이웃'이며, 주로 온마음센터 가지만 공방 참여하고 그러는 거 같아요.

그게 작년에 밖에 활동이 줄면서 그러면서 온마음센터 가서 하고, '이웃' 가서 뜨개질도 가끔 해보고 (웃으며) 그랬던 거 같애. 지금 바느질도 하고 뭔가 안 하면 미쳐요. 그니까 가만히, 정서불안이라고 그러죠. 아픈 건 아닌데 정서불안이라고 그러죠, 그런 게 와요 지금 집에 있으면. 그래서 뭔가 해야 돼, 일을. 그런다고 해서 지금 저 같은 경우는 동수 아빠가 일을 못 하기 때문에 제가 해야 되는데, 아직까지 일할 자신은 없고 그러다 보니까 지금은 공방 주로 이용하는 거 같아요, 여기저기.

4

국회 지킴이 활동 시절 기억나는 일화

면담자 국회랑 법원 지킴이 하실 때 생각나시는 일화나 주변 분들의 반응이 있으신지?

동수 엄마 모르겠어요. 기억나는 게 별로 없고, 국회에서는 뭐 반별로 올라갔기 땜에…. 저희 사람 취급을 안 하더라구요, 국회에서 윗분들은. 물론 보좌관분들이랑 와갖고 하는데 우리가 있든지 말든지 신경도 안 쓰더라고요, 물론 법원 갔을 때도 마찬가지였고. 물론 시민들은 정말 앞다퉈서 저희 봐주고 했었는데 그 사람들 윗분들은 참 그렇더라구요. 법원도 마찬가지고 청와대도 마찬가지였지만 다 똑같더라고. “나 모르쇠, 나 모르요, 기억나는 거 없소” 증거자료 있는데도 “몰라요” 그러더라구요. ‘저 사람들은 저렇게 살았나 보다’ 싶기도 하고, 저 사람들은. 그게 생기더라구요, 물론 국가에, 생긴 거라고는 그게 생겼잖아요, 불신이 생겼잖아요. 저희가 솔직히 불신 없었어요, 국가에 대한 불신. “그냥 나라가 조금 그렇다. 먹고살기 힘들다” 했지만 이 정도로 불신한 적 없는데 저 인간들은 지 새끼가 바다에 빠져도 똑같은 짓을 할 거 같더라구요, 그 인간들은. 그걸 봤어요, '참 무서운 사람들이다' 내가 봤을 때는 그걸 봤어요. 진짜로 지 새끼가 빠졌어도 똑같은 짓을 했을 거 같애, 지 살려고. 그게 그 인간들 같더라고.

면담자 왜 사람 취급도 안 하는 것 같다고 느끼게 되셨나요?

동수 엄마 그냥 그렇게 느껴졌어요. 지금 딱히 국회에서 기억은 별로 없는데, 있든지 없든지 그냥 지네들끼리 왔다 갔다 하고 그러더라구요. 뭐 새정치나 새누리당이나 다 똑같고, 이용할 때나 와서 좀 그렇지, 아니더라구요.

5
청문회 기간의 상황

면담자 청문회 가셨을 때 얘기 좀 해주실 수 있으실까요?

동수 엄마 청문회 때요? 제가 첫날 가고 이튿날 안 가고 삼 일째 갔는데, 아이고 답답하지, 저게 사람들인가 싶고. 우리 애들보고 그랬잖아요. "애들이 철이 없어서 안 나온다"고, 나오라 했는데 지네들이 "철이 없는지, 뭐가 없는지 이놈들이 몰랐는지" 이러면서 그러더라구요. 그 자리가 어떤 자린데 청문회 자체를 무시한 거잖아요. 그거는 너무 무시를 하더라고 그 사람들은. 그냥 입 다물고 있으면 장땡인 줄 아는 청문횐 줄 알고 있더라고, 그 사람들 참 그게 답답했고. 그냥 봤을 때도 저희 봤을 때도 "원래 청문회가 이런 건가? 그럼 이거 뭐더러[뭐 하러] 해?" 방송도 안 나오고 저 사람들 모른 척하고 증거 있는데도 모른다고 하고. "아 청문회 우리 뭐더러[뭐 하러] 했지?" 그게 너무 많이 들었어요. 증거 나왔고 다 나왔는데, 시인도 했는데 법적으로 어떻게 할 수 없다는 것도 그렇고…. 지금도 특검 준비하고 있으니까 어떻게 될지 모르겠지만, 참 그렇더라구요. 너무 힘이 없다고 그럴까 백이 없는 건지 힘이 없는 건지, 왜 그렇게 수사권, 기소권 울부짖었는지 이제 알겠더라구요.

참 힘이 하나도 없어, 힘이 하나도 없어. 3일째 동수 아빠가, 동수 (한숨을 내쉬며) 했는데 착잡하더라구요. 내 새끼를 그렇게 [사진을] 내놓은 것도 솔직히 그랬고, 처음에 많이 말렸어 동수 아빠한테 그러지 말라고. "저것들, 이거 봐도 꿈쩍도 안 할 거다. 우리 유가족만 다칠 거다. 하지 마라. 내가 동수를 마지막 못 봤듯이 늦게 나오신 분들은 자기 새끼 다 못 봤다, 엄마들이. 그거 얼마나 죄책감에 시달리고 있는데 왜 이걸 또 해갖고 엄마들 힘들게 하려고 그러냐. 하지 말자" 했었어요. 저도 동수 못 봤거든요. 〈비공개〉 그러니까 확실하게 얼굴을 못 본 거야. 근데 그런 엄마들이 진짜 많아요. 동수 뒤로 나오신 분들 다 못 봤다고 보면 돼요. 그냥 그 30명들 다 못 봤다고 보면 되는데, 물론 보신 분도 있을 거야. 있을 건데, (한숨을 내쉬며) 그때 저보다도 다른 엄마들이 더 힘들어하더라구요.

"내 새끼 못 봤는데, 내 새끼 못 봤는데" 그러면서 쓰러진 분도 있었고 진짜 울부짖은 분도 있었고. 저는 각오하고 있었던 상태이기 때문에 얘네 아빠가 동수를 [사진을] 올리겠다고 했으니까, 저는 알고 있었기 때문에 그나마 감정 조절하고 있었지만 다른 분들은 몰랐잖아요(한숨). 애한테 너무 미안해 엄마로서(한숨). 그래도 언제야 1월 31일 날인가 동거차도 들어갈 때 동수가 와서 안아주더라고요, 최근 모습으로. 그 뒤로 지금 안 오거든 동수가. (면담자 : 꿈에서?) 네, 계속 왔었어요. 제가 힘들 때마다 왔었고 뭔 일 있을 때 왔었고, 이렇게 진짜 명절, 제사 때, 뭐 때 다 왔었거든. 그 뒤로 아직 안 오고 있어. 지금 뭐 몇 개월 안 됐긴 했지만 그때 동수가 저를 꽉 안아주더라구요. 동거차도 들어갈 때 배에서 자고 있는데 거기 와갖고 안아주더라구요, 배에서. 그 뒤로 조금 편해진 거 같애. 애한테 되게 힘들었었거든 청문회 뒤로. 말로 표현할 수 없는 그 미안함, 엄마도 아닌 거 같은 느낌, 내 새끼 못 품어줬다는 거 그런 거 등등 조금 많이 그랬었어요. 근데 아들이 그래도 엄마 힘내라고 안아주고 가더라고(한숨).

6
4·16 참사 이후 가장 화가 났던 점

면담자 지난 2년 동안 가장 화났던 점이 있다면?

동수 엄마 화났던 거 전부 청문회 때죠. 제일 화났던 거 청문회 때인 거 같아요. 국회도 아니었고 뭐 100일 때 그땐 화난 거보다 애한테 미안했던 게 더 컸지 화났던 건 아니었어. 근데 진짜로 청문회 때는 화가 났었어요. 물론 많은 일이 있었죠. 그 광화문에서 집회 때 그 최루탄 맞아가면서 물대포 맞았을 때 그때야 그 상황이 화난 거였지. 그렇지만 청문회 때는 진짜로 화났어요, 이놈의 나라에. 물론 17일 날 제일 화났고, 4월 16일 날 제일 화났고, 4월 16일 날 바다에 갔을 때 제일 화났었고, 거기 인간들 하는 거 봤을 때 화났고, 그다음 청문회였던 거 같애. 제일, 제일 가관이었던 거 같애 청문회 때가. 썩어빠진 이놈의 나라(한숨).

면담자 　　청문회 끝나고 다른 유가족분들이랑 얘기하셨나요?

동수 엄마 　　아직은 아닌 거 같아요, 바로 끝나고 지금 2차 준비하고 있기 때문에 다른 분들은. 그리고 저희는 끝나고 다들 너무 지쳤기 때문에, 3일 동안 10시까지 그랬으니까 강행군이었기 때문에 다들 며칠 못 나왔어. 다들 감정적으로 너무 힘들었고 시간도 길었고, 긴 만큼 감정이 힘들었기 땜에 그거 갖고 제대로 말 못 한 거 같애. 그리고 얼마 안 돼서 바로 바빴고, 명절 쇠랴 명절 쇠자마자 광화문 갔다 오랴…. 광화문 갔다 오고 명절 갔다 오고 바로 동거차도 갔다 오고 너무 바빴던 거 같애. 이달에 바쁘게 움직였던 거 같애. 작년부터 시작해서, 작년 겨울부터 해가지고 청문회 끝나자마자 바로 지금 2차 준비했고, 특검 준비하기 땜에 아마 다른 분들은 했겠죠. 저는 근데 앓아누워 있었던 거 같아요.

면담자 　　그날 이후에 몸이 많이 안 좋아지셨겠어요, 그죠?

동수 엄마 　　예. 제가 작년 10월에 수술했으니까, 사고 나고 얻은 거는 병밖에 없는 거 같아요(웃음). 지금 다들 하나씩 고장 나고 있거든 엄마들이, 부모님들이. 근데 아빠들보다 엄마들이 심하긴 하죠. 엄마들은 원래 여자들은 원래 찬 데 있으면 안 되잖아. 근데 우리가 너무 많이 돌아다녔잖아, 찬 데. 그니까 다들 이제 여자들은 속병이 생겼어요. 〈비공개〉

7
4·16 참사 이후 가장 위안이 되었던 일

면담자　　그러면 활동하면서 가장 위안이 됐던 땐 언제일까요?

동수 엄마　　(한숨) 그래도 제일 위안받은 건 도보 때였던 거 같고, 1주기 도보 때였던 거 같고, 그때 시민들 많이 [위안]받으면서, 많이 안아주셨었고 그때. 그땐 누가 안아만 줘도 진짜 너무 울컥했었어요. 한번은 어떤 엄마였는데 물론 다른 것도 많은데, 아이 둘 데리고 오셨더라구요, 아이 키우는 엄마시더라고. 근데 "한번 안아봐도 되겠냐" 그분이 그러더라구요, "안아주고 싶다"고. 안아주는데 저도 모르게 진짜 모르시는 분이잖아요. 근데 그 마음을 아니까 왈칵 눈물도 나고 감사하기도 하고 따뜻하기도 하고 그러더라고, 그때 감동받았었고. 광화문에 지킴이 하는데 고등학교 1학년인가, 중3이었던가 학생들이었어. 딸내미들이 와서 안아주는데 '아, 그냥 내 딸이구나' 싶었거든요. 근데 아들내미들이 안아주니까 그 느낌이 또 틀리더라고, 여자애들이 안아줄 때랑 또 틀리더라고. 내가,

동수가 아들이어서 그러는지 모르겠지만 (한숨을 내쉬며) 복잡미묘하더라구요. '얘가 내 아들이었으면 얼마나 좋았을까' 그리고 한편으로는 또 너무나 따뜻했고 그런 게 감사했던 거 같아요. 한번 말없이 가만히 와서 안아줬을 때 시민들이, 학생들이, 백 마디 말보다, 어떤 거보다 가만히 와서 안아줬을 때 그런 마음들이 너무 감사했던 거 같아요.

그리고 다른 것도 많을 거야, 제가 기억 못 하는 것도. 솔직히 지금 단기기억이라 어제 거 잘 기억 안 나고 옛날 것도 그니까 잠깐잠깐 나는 건 있는데 많이 안 나요, 기억이. 근데 저만 그러는 줄 알았더니 다들 그러더라고. 어제 했던 "내가 어제 뭐 했지?" 기억이 안 나요. 한참 생각해 보면 "맞다, 내가 며칠 전에 아, 장례식장 갔다 왔구나" 그 정도지 정말 안 돼요. 지금 막 입력도 안 되고 뭘 봐도, 분명히 내가 여기 읽어요, 내용 파악이 안 돼. 그니까 머리에 안 들어오는 거야, 그니까 기억도 못 하고. 그 상태가 지금 돼버렸어요(웃음). 그래 갖고 지금 기억나는 게 별로 없어. 근데 그런 따뜻했던 그 감정은 남았던, 있는 거 같아요, 워낙 따뜻했기 땜에. 하나, 하나 꼬집으면 기억나겠지. 그렇지만 지금 그런 거 같아요.

8
동수 여동생과 가족의 안부

면담자 동수 동생은 지금 어떻게 지내나요?

동수 엄마 고2 올라가요, 이번에. 내일모레면 올라가는데 오빠 나이가 되는 거잖아요. 그것도 조금 저는 그래요. '얘가 좀 있으면 오빠보다 나이가 더 먹겠구나, 동수는 아직 열여덟인데', 그것도 가슴 아프고. 잘 지내요, 딸은 예전보다 더 잘 지내는 거 같애, 제가 봤을 때는. 우리 딸이 모르겠어요. 우리 언니의 빠른 판단 때문인지 모르겠지만 팽목항에 안 갔어요, 한 번도. 사고 났을 때 안 왔어요. 언니가 데려가 버렸어 하남으로. 우리 ○○가 딸내미가 중3이었는데 "아직 사춘기고 이런 거 봐갖고 좋을 거 없다. 안 그래도 오빠 잘못된 거 봐도 충격인데, 그 현장 보면 얘가 나중에 트라우마 심할 거다. 그래서 안 보는 게 낫겠다", 생각해 보니까 그렇더라구요. 굳이 딸한테까지 이런 현장을 보여줄 필요가 없겠더라고. 그래서 언니가 "내가 데려갈 테니까 너는 그냥 동수만 기다려라" 하더라고요. 그래서 언니가 한 달 가까이 데리고 있었어, 하남에. 그래서 다른 언니들은 다 내려왔는데 그 언니는 개 지키고 자기 딸도 지키고 하느라고 그 언니만 못 내려왔어. 오고 싶은데 못 온 거야, 애들 봐야 되니까. 근데 지금 생각해 보면 '언니가 옳은 판단했구나' [싶어요].

우리 딸내미는 그 트라우마는 없으니까, 다른 애들은 거기 엄마 때문에 갈 수밖에 없었잖아요, 집에 혼자 놔둘 수는 없었으니까 애들을. 그러다 보니까 그 현장에서는 멀쩡했어, 애들이. 근데 지금 그 트라우마가 오고 있거든, 너무 아파하고 너무 힘들어하고. 오빠한테 힘들어한 거를 그 힘든 상황을 엄마한테 풀어요, 엄마 힘들게 하고 지 볶으고. 근데 우리 딸은 그건 없거든, 지금 그 현장에 대한 아픔은 없기 땜에. 그 솔직히 그 현장이 좋지가 않았잖아요, 온갖 거 다 있었고. 우리 딸내미는 그런 건 없으니까 그래서 잘 지내, 한 번씩 스스럼없이 오빠 얘기도 하고. 엊그제 그러더라고 "엄마 나 되게 현실적인 거 같애. 작년만 해도 자고 일어나면 오빠 있을까, 오빠 있을까 봤는데, 지금은 오빠 없는 거 뭔지 알겠어" 그러더라고요. 그 말도 너무 가슴 아프긴 한데 그러더라고. 그러면서 제가 그 소리에 서운해 갖고 또 그러지.

"야, 넌 동생이라서 그러냐? 다른 누나들은 밸런타인[데이]이라고 자기 동생들 초콜렛 사가지고 반에 갖다주고 동생 먹으라고 챙겼다던데, 너는 초콜렛 만들어서 니 친구들 주고 아빠, 엄마 주고 오빠 생각 안 나디?" 그랬더니 "그러게, 동생이라서 그랬나 보지", "그래 동생들 다 그랬다고 하더라". 또 미안하니까 "동생들은 다 그랬다고 하더라. 근데 누나들은 동생이다 보니, 누나다 보니 동생 생각한 거 같더라. ○○아 조금만 오빠 생각 좀 해봐라" 그랬더니 "응" 그러더라고요. 근데 옛날 같았으면 그 말도 엄마한테 서운해 갖고 삐졌을 텐데, 안 삐지더라고. 받아들이고 조금씩 받아들이는 거 같더라고. 지도 마음이 조금 내려간 거지. 그전에는 이런 거 조금만 갖고도 둘이 저랑 엄청 안 좋았거든요. 제가 서운해하고, 제가 좀 서운해하면서 애한테 좀 힘들게 하고, 걔도 저 힘들게 하고.

근데 애가 조금은 마음이 안정된 거 같애. 이런 말 갖고도 조용히 넘어가는 거 보면 생각보단 잘 버티는 거 같아요. 딸이 제가 울고 있으면 가만히 와갖고 제 어깨 토닥토닥 해줘요, 애가. 물론 지는 언제 우는지 모르겠지만 한 번도 안 울더라구요, 제 앞에서. 처음엔 그것도 서운했어요. '어떻게 그렇게 안 울 수가 있을까' 저는 텔레비전만 봐도 울컥울컥하고 감정 조절이 안 되는데 '쟤는 왜 이렇게 안 울지' [하고 생각하기도 했어요]. 근데 모르겠어요, 언제 혼자 우는 건지 모르겠지만 그런 거 처음에 되게 서운했거든. 지금 한편으로는 고마워요, 애가 잘 견뎌줘서. 근데 바뀐 건 있어, 딸도. (면담자 : 어떻게?) 오빠 거까지 지가 욕심을 내더라고. 그니까 공부도 열심히 하고, 지 활동을 참 열심히 하더라구요. 오빠 몫까지 지가 해야 된다고 생각을 하나 봐. 그게 바뀌었어요, 얘도.

그니까 더 열심히 하더라구요, 원래 공부 잘 안 하던 애가 공부도 열심히 하고. 지금은 미대 간다고 그림 그리거든. 근데 되게 열심히 해요. 학원도 안 빼먹고 빠질 일 있으면 보충 꼭 하고, 웬만하면. 학원 가면 "엄마 나 오늘만 쉬면 안 될까?" 얘기했는데 "○○아, 오늘 엄마랑 하루만 같이 있으면 안 될까" 내가 그래요. 그러면 "엄마 나 오늘 학원 가야 돼" (웃으며) 그러고 가더라구요. 그런 부분들이 바뀌었어요. 얘가 어떨 땐 "그래, 저렇게 열심히 하는데 오빠 땜에 못 했나. 아니면 오빠 몫까지 하려고 저러는 건가" 그러더라구요. 근데 지가 오빠 몫까지 해야 된다고 생각하는 거 같애.

면담자 아까 한 달 동안 큰언니가 봐주셨다고 하셨는데, 그 이후에도 가족분들이 많이 도와주시나요?

동수 엄마 많이 도와주고 있어요. 무슨 일 있으면 꼭 챙겨주고 제가 못 챙기는 부분 있으면 또 꼭 챙겨가, 딸 챙겨주고 무슨 일 있으면. 솔직히 말하면 사고 나고 자매들 간에 더 끈끈해진 거 같애 저희는. 다른 분들은 옛날에 서운했던 게 소록소록 생각나서 지금 안 좋아진 가족들도 많아요, 친정이든 시댁이든. 근데 저희는 언니가 넷이 있어요, 제가 막내거든. 모르겠어, 언니들이어서 그런지 모르겠어, 언니들이어서 그런지. 저는 친정 엄마가 없거든요. 안 계시는데 언니들이 친정 엄마인 거 같아요. 언니들한테 많이 기댔고 언니들이 제가 동생이다 보니까 제가 못 챙기는 부분들 참 많이 챙겨줬던 거 같아요. 지금도 마찬가지고 지금도 절 참 많이 챙겨요, 언니들이 제 아픔도 많이 챙겨주고. 그니까 동생이니까 그러는 거 같아요. 근데 저희 유가족분들도 맏이인 분들은 되게 힘들어하세요. 그니까 기댈 데도 별로 없고 동생들한테 기대기에도 뭐하잖아, 암만 그래도 그렇다 보니까.

저는 그건 또 그런 거 같애. 저 남동생 둘 있는데 걔네들하고는 그게 안 돼. 동생들한테는 역시 기댈 순 없더라고, 내 힘듦 표현할 수도 없고. 그치만 언니한테는 그게 되더라구요, 또. 언니들 도움을 참 많이 받는 거 같애, 받았고 그래서 전 버텼던 거 같고. 저희 신랑은 맏이예요, 장손이고. 그게 신랑이 되게 힘들었던 거 같애. 제가 처음에 팽목항에 있을 때며 여기 있을 때 언니한테 의지를 참 많이 했어요. 많이 했는데 그러다 보니까 저희 신랑을 냅둬버린 거야. 저는 언니한테 기대고 언니한테 힘들다고 하고 언니한테 가서 울고…. 근데 우리 신랑을 놔둬 버렸어요. 근데 어느 날 팽목항에서 올라오기 전이었을 거야. 우리 신랑을 봤는데, 우리 신랑 내가 언니한테 기대고 있으니까 어디에 기대, 저한테 못 기대잖아요. 물론 저한테 기댈 수도 없었고 상황이. 너무 안돼 보이는, 안돼 보이고 나약해 보이고 없어 보이고 그게 제 눈에 보이더라구요.

의지할 데 하나 없는 제 신랑을 봤어요, 제가 그때. 그래서 언니한테 "언니, 언니 얼른 가라" 쫓았어, 언니를 제가. 언니가 "안 간다. 어떻게 너만 두고 가냐. 못 가겠다"고 그러더라구요. "아니야, 언니 얼른 가, 가" 하도 안 가길래 "언니야, 언니가 있으니까 동수 아빠가 나한테 기댈 수가 없는 거 같다. 동수 아빠가 도저히 안 되겠다. 언니, 너무 힘들어 보이고 내 남편 내가 챙겨야 되겠다. 언니 얼른 가라" 그래서 보냈어요. 그래서 그때 동수 아빠랑 부둥켜안고 울고 애 아빠 달래고 제가 먹이고, 제가 그때 정신을 차린 거야, 그때 신랑 보고. 신랑은 저한테 기대지도 못하고 언니한테 기대지도, 처형한테 기대겠어, 누구한테 기대겠어요. 그런다고 자기 아버지한테 못 기대지, 동생들한테도 못 기대잖아, 맏이다 보니까. 그때 그걸 본 거 같애.

근데 다른 분들은 아마 그거[의지] 못 하신 분들 너무 많을 거 같애. 그것 땜에 힘들어하시는 분 많아 사실은. 그때 제가 동수 아빠, 저희 신랑 봤거든, 그 모습을. 근데 그때도 못 봤으면 저희 신랑 어떻게 됐을지 모르겠어요. 되게 힘들었을 거 같애. 저는 지금도 언니한테 많이 기대는데 제가 언니한테 가면 저는 되게 좋아요, 편하고. 근데 저희 신랑은 되게 힘들어해요. 그렇잖아요, 마누라 편하기 때문에 가긴 가는데 자기는 그 부분을 못 하잖아. 그러니까 자기 마음은 더 아팠을 거야. 그래 갖고 제가 요즘에 덜 가요 언니한테, 내가 가면 난 편해지지만 저희 신랑은 너무 힘들어하기 땜에. 그니까 우리 신랑은 제가 편해지기 때문에 가는 거 알잖아. 근데 내가 내 신랑 지켜줘야 하잖아. 저도 조금 덜 가고 그러고 있어. 그게 그렇더라구요, 내 신랑 안 챙길 수 없더라고.

면담자 그럼 친가 쪽으로는 교류를 잘 안 하시는 건가요?

동수 엄마 교류는 하는데 친가에서는 그걸 못 받고 있어요. 가면 힘들어, 서로서로 힘들고…. 이번 명절 때도 친가분들이 다 올라오셨는데 동생들이잖아요. 또 동수 아빠는 남동생들밖에 없고 자매들이 또 없어요, 형제만 달랑 삼 형제고. 그리고 저희 시어머니 안 계셔요. 그니까 의지할 데 하나 없어, 솔직히 없어요. 시아버지 지금 시골서 혼자 사셔요, 전주에서. 그분한테 뭘 기대겠어, 솔직히 당신도 힘들다고 울고 있는데. 〈비공개〉 근데 저희가 거기까지 바라볼 여력이 없으니까. 원래 저희가 바라봐야 되는 건데 지금 바라볼 여력이 안 되잖아. 그러다 보니까 기대는 건 당연히 안 되죠. 그러다 보니까 친가는 힘들어요, 솔직히 내가 챙겨야 되기 때문에 친가는. 그니까 힘든 거 같애, 친가는 지금 제가 챙겨야 되는 부분이다 보니 받을 순 없고, 물론 동생도 마찬가지고. 그래도 저 같은 경우는 우리 동서가 있어요, 전주에.

전주 동서, 여기 안산에 동수 아빠 둘째 동생이 있는데 우리 동서랑 교류를 많이 해요. 저는 그래도 교류를 많이 하고 도움받을 수 있고 기댈 수 있고 같이 이렇게 웃고 울고 할 수 있는 대상이 있는데 동수 아빠는 그게 없다 보니 저밖에 없더라구요. 그래서 동수 아빠가 여기 분향소에서 같이 활동하시는 분들하고 그걸 많이, 여기 안 나오면 동수 아빠는 같이 얘기하고 풀고 할 수 있는 대상이 없는 거야. 지금 그니까 제가 "그냥 하라고, 하고 싶은 때까지 하라고, 내가 돈 벌겠다"고 [말을] 해놨긴 했는데, 저도 저번에 작년 겨울에 수술하고 주저앉아 버렸어, 지금. 말로는 "회복하면 내가 취직하겠다"고 하는데 그게 너무 길어지니까 조금 힘들고. 근데 올봄에는 나가긴 나가야 되는데 무섭긴 해요. 지금 근데 동수 아빠는 그거 안 하면 힘들어요, 사실 없으니까, 어디 가서 할 데가 없거든.

면담자 그럼 지금 경제적인 활동은 두 분 다 못 하시고 계신 건가요?

동수 엄마 그쵸, 지금 퇴직금이며 그걸로 버티고(한숨).

9
4·16 참사 이후의 활동 중 후회하는 점

면담자 지난 2년 동안 여러 가지 활동 하셨는데, 아쉽거나 후회하는 점이 있으신지?

동수 엄마 많죠, 뭐를 해도 후회하니까, 밥 먹어도 후회하고 자고 나도 후회하니까…. 지금도 그냥 가버리고 싶을 때 많아요. 그냥 다 정리하고 가고 싶은데, 솔직히 저 없다고 해서 내 남편이고 내 딸이고 못 살진 않을 거야, 살 거야 분명히. 그런데도 '왜 못 갈까' 싶은 게 모르겠어요. 왜 못 갈까, 아직은 아닌 거 같기도 하고 내 아들이 그걸 원할 거 같진 않고 갈 용기도 없고 그런 거 같아요. 근데 지금도 많아요, 후회 많지. 내가 지금 이렇게 살고 있는 것도 후회스러운데….

면담자 왜 살고 있는 게 후회스럽다고 생각하시나요?

동수 엄마 그냥 지쳤다고 봐야 되죠. 이 꼴 저 꼴 안 보고 싶기도 하고 지친 것도 있고, 그냥 동수 옆에든 뭐든 가고 싶은 생각도 많이 들고 좀 그래요. 내가 없어도 내 딸은 살 거 같더라고, 내가 살듯이. 자식 보내놓고도 사는데 못 살겠어요, 내 딸이? 내 남편도 살지, 자기 자식도 보내고 엄마도 부모도 보내봤는데. 근데 그건 아닌 거 같애, 남편 땜에 못 가는 것도 아니고 딸 땜에 못 가는 거 아닌 거 같아요. 아직 아닌가 싶은 거 같은 것도 있고 용기도 없는 거 같기도 하고, 더 큰 건 내 새끼가 원하지 않을 거 같기도 하고, 이래도 저래도 살아야 되는 거 같기도 하고, 조금 모르겠어요. 지금은 아직은 해야 될 일도 있고, 그걸로 위안을 삼는 거 같아요. 살아가는 목적인 거 같기도 하고….

면담자 해야 될 일은 어떤 건가요?

동수 엄마 아직은 내 새끼 원을 풀어줘야지. 그게 해야 될 일이라 생각해요. 진실이 얼마나 밝혀질지 모르겠지만 솔직히 제가 믿고 있는 거 다 아니었으면 좋겠어. 솔직히 진짜 사고였으면 좋겠어요. 막말로 진짜로 저는 그래요, 진짜로 사고였으면 좋겠어요, 차라리. 근데 하나하나 '아니다'라는 게 너무 나오고 있기 땜에 그게 아니었으면 좋겠어. 솔직히 말하면 내가 믿고 있는 그 진실이 아니었으면 좋겠어. 그럼 살 거 같애, 차라리 사고였으면 살 거 같아요(울음). 그럼 살 수 있을 거 같애. (한숨을 내쉬며) 그게 사고 아니라면 어떻게 사냐고. 못 살잖아요, 이 더러운 데에(한숨).

면담자 나중에 진실이 밝혀지게 된 후에는 어떻게 살고 싶으신가요?

동수 엄마 계획이 없어요. 그 계획이 없어요, 그래서 무서워요. 어떤 방법으로든, 방향으로든 끝날 텐데 그 후에는 지금 계획이 없어요. 제가 가장 믿는 게 우리 아들이었기 때문에, 아마 모르겠어요. 제가 그렇게 아들 믿고 살진 않았던 거 같은데…. 물론 아들 타령은 했었어요. 근데 자신감 잃어버렸어요, 인내심도 잃어버렸고. 제가 뭐를 해도 든든했거든, 솔직히. '그게 이유가 뭐였을까. 뭐였을까' 몰랐거든요. 제가 왜 이렇게 자신만만했고 행동 하나 무서움 없이 행동했을까…. 저 무서운 거 없이 행동을 했거든요. 제가 회사 다닐 때 만약 짤린다면 1순위, 정리해고 1순위였거든, 바른말 많이 하고 큰소리치고. 그게 그 믿는 힘이 뭐였을까? 제 아들이었던 거 같아요, 제 남편이었고. '내가 뭐 무서울 게 뭐 있냐' 했거든요. 근데 지금 무서워요. 배포도 없어졌고 앞으로 계획 없어요. 그렇기 때문에 무서워요. 솔직히 아마 유가족들 제일 무서운 게 그걸 거야.

어떤 방향으로든 1년, 2년 물론 길게 가겠지만 그 정도 되면 어느 정도는 가닥이 잡힐 거란 말이죠. 물론 계속 쫓아다니시는 분들 있을 거야, 지금 천안함처럼, 다른 사건들처럼. 그렇지만 대부분들이 그때 되면 어느 정도는 정리가 될 거란 말이죠. 그 뒤엔 어떻게 될지 모르겠어요. 그게 제일 무서워요, 그걸 제일 무서워하고 있고…. 지금 현실적으로 그때 되면은 이렇게 쫓아다니지 않을 거니까, 매달리지 않을 거니까, 계획이 없으니까, 그중에 저도 마찬가지고…. 계획이 없으니까 이론적으로는 돌아가야 된다 생각하고 있지만 몸이 안 따라주고 마음도 안 따라지니까…. 제가 회사를 그만둘 때 울고 나왔거든요, 못 견뎌서. 근데 그걸 극복할 수 있을까? 그런다고 이 정신상태로 사업하면 꼴랑 다 안되고 말아먹을 거 같고. 저 사업도 해봤거든요. 제 일도 해봤는데 지금 못 할 거 같아요. 제가 안 해봤으면 덤빌 수 있을 거 같은데 해봤기 땜에 못 덤벼요, 지금 이 상태로. 이런 마인드로 이런 마음으로 절대 못 덤벼요. 저 그걸 알기 땜에 못 해요, 사업도.

그니까 모르겠어요, 지금 어쩔지. 어떨 때 동수 아빠가 그러더라고, "그냥 다 정리하고 저기 멀리 시골 내려가자"고. "내려가면 뭐 하고 어떻게 살 건데?" 그것도 깝깝하고, 그런다고 농사짓고 살 것도 아니고 모르겠어요. 지금은 그냥 놔버리고 싶은 생각도 있어요. 그동안은 솔직히 제가 주축이었거든, 저희 집에. 물론 동수 아빠가 노는 건 아니었지만 말 그대로 가장 아닌 가장 노릇을 했어요. 제가 친정 쪽은 시댁 쪽은, 친정 쪽은 막내니까 막내 노릇 했고 시댁 쪽은 제가 가장 노릇을 했는데 그걸 놓고 싶어요, 솔직히 말하면. 근데 모르겠어요, 어떻게 될지는. 동수 아빠가 가장 노릇을 하기 바라는데 모르겠어요, 아직까지는. 근데 이번 사건으로 동수 아빠가 더 가장은 돼버린 거 같애. 자기가 정신 차리려고 노력을 하더라구요. 아마 마누라가 정신 못 차려서 그런 거 같아요. 그동안 마누라가 더 가장이었는데 제가 지금 정신을 못 차리고 있기 땜에 가장 노릇을 하는 거 같애. '계속 정신 놓고 있어볼까', (웃으며) 그 마음도 들기도 하고 근데 아직은 모르겠어요.

면담자 왜 가장 노릇을 하고 있다고 생각하시는 거예요?

동수 엄마 실질적으로 제가 가장이었으니까, 금전적으로며 집안일이며 내가 다 알아서 했었으니까. 제가 맏며느리다 보니까 제가 다 했던 거 같아요.

면담자 그럼 지금은 동수 아버님이 가장 노릇을 한다고 생각하시는 건가요?

동수 엄마 모르겠어요(웃음). 지금도 마음적으로 그런 거 같아요. 그래도 제가 덜 신경 쓰니까 일단은, 그래도 어떤 부분이건 제가 하고 있기는 한데, 몰라 둘 다 안 하는 거 같아 지금. 그래도 동수 아빠가 조금은 하는 거 같애, 집안일에 덜 신경 쓰게 하니까 시댁 일에. 근데 아직은 아닌 거 같고….

10

4·16 참사 이후에 세상에 대한 관점의 변화

면담자 참사를 겪으신 후에 본인의 세상에 대한 관점의 변화를 가져왔나요?

동수 엄마 많이 가져왔죠. 아까 말했듯이 일단 사회에 불신이 생겨버렸고, 불신이 없었는데. 물론 '먹고살기 어려웠다', 그냥 '아, 우린 왜 그럴까' 그 불신이 있었죠. 근데 이렇게까지 나라에 불신 없었거든요, 정치인들한테, 우리 일하시는 분들한테 이렇게까지는. 물론 지네들끼리 싸우는 건 알았지만 자기 살려고 이렇게까지 이용하고 버리고, 그게 엄청 많이 생겼고…. 그리고 한쪽으로는 아직까지 '그래도 우리나라는 많은 분들, 도움주시는 분들이 있구나. 아직까지 시민들은 따뜻한 정이 있구나. 내가 참 너무 편히 살았구나. 남 이해 않고 살았구나' 반면 그건 또 생겼죠. '내가 베풀지 않고 살았구나. 내가 어려움을 겪어봐서 아는구나. 왜 어려움 겪지 않았을 때 몰랐을까' 그 마음은 생겼죠. '하나를 잃고, 하나를 생겼구나' 싶은 것도 있고(한숨).

그리고 생긴 거는 병이 생겼고, 가슴 화병도 생겼고…. 울면 여기가 (가슴을 가리키며) 너무 아파요, 울지를 못해요. 여기가 답답한 게 아니라 막 때려요, 누가. 그래서 울지를 못해. 울면 너무 아프기 때문에 여기가, 화병이 생겼죠(웃음). 정신병원 갔더니, 고대 갔더니 약 주더라고. 여기가 너무 아프면 하나씩 먹으래요, 아플 때만 먹으래. 너무 과하면 안 되고 아플 때만 먹으라고 하더라고. 근데 요즘 좀 괜찮았었는데 그 청문회 뒤로 또 생겼어요, 지금 동수 그 때 뒤로. 물론 아팠지. 물론 아팠는데 이제 자주 통증은 안 왔는데 요즘에 자주 통증이 와요(한숨).

면담자　　병원에선 뭐라고 진단하던가요?

동수 엄마　　한의원에서는 화병이라고 하고 정신과에서는 스트레스성 뭐라 하더라고. 내과 갔더니 정신과 가라고 하더라고. 내과에서는 소견이 그러더라고 "정신과 가라"고. 한의원에서는 화병이라고 하더라구요.

11
진상 규명의 전망과 의미

면담자　　진상 규명이 본인에게 어떤 의미이며, 앞으로 어떻게 될 거라고 전망하시나요?

동수 엄마　　솔직히 잘 모르겠어요. 솔직히 내가 "진상 규명, 진상 규명" 하는데 나 살려고 하는 거 같고, 솔직히 내 살 수 있는 방향 땜에 하는 거 같아요. 내가 그거라도 안 붙들고 있으면 살 수가 없잖아요. 제가 아까 말했듯이 진상 규명, 내가 믿고 있는 게 아니었으면 좋겠다고 했잖아요. 뭐가 됐든 간에 안 하면 못 사니까 살아갈 이유를 찾는 거 같아요, 그게 진상 규명이. 안 그러면 못 사니까 살고 싶은, 아마 대부분 다 그럴 거예요. 살고 싶은 사람 없을 거예요. 지금 내 가장 소중한 걸 잃었는데 어떻게 사냐고. 〈비공개〉 지금 유가족들이 진상 규명, 아마 사는 방법인 거 같아요. 그거 안 하면 못 살 거 같애. 그래서 하는 거 같애, 제 생각은 그래요. 사는 방법을 찾는 거 같애, 그래야 사니까….

물론 나쁜 놈들 혼내켜 줘야죠. 저희 힘으로 바뀔 수 있을지 모르겠지만 혼내줘야지 이 새끼들, 나쁜 새끼들. 우리가 가만히 있으면 그전에도 그랬잖아요. 다 가만히 있으니까 그다음 사건 또 있었고, 또 있었고. 우리가 가만히 있으면 다른 피해자가 또 생길 거라고. 그건 맞다고 생각해요, 저는. 그래서 가만있으면 안 된다 생각하고 누군가는 해야 될 거라 생각해요. '그러면 지금이 아닐까' 생각도 들어요. 솔직히 우리는 뭉칠 수 있는 여력이 있잖아요. 같은 동네 사람이다 보니까 우리가 해야 될 일이라 생각은 해요. 만약 누군가 해야 된다 하면 우리인 거 같애. 솔직히 제일 그동안 사건 중에 제일 아픈 사건이고 제일 뭉칠 수 있는 동네 사람들이고 같은 학교 학생들이고…. 우리한테 이놈의 사회 그래도 쥐[고] 흔들라고 한 거 같애, 지금 이놈의 일이.

많은 사건들 있었잖아요, 씨랜드도 있었고 여기 태안도 있었고. 근데 그것들은 너무 지금 조용하잖아요. 솔직히 씨랜드도 끔찍하잖아요. 우리 애들보다 조금 나이 많은[어린] 애들이었고, 그 건물, 가건물 금방 지어가지고 참 나쁜 놈들이야, 그것들도. 거기도 남의 탓 하고 있다며 서로서로, 대구 지하철도 마찬가지고. 우리 근데 몰랐잖아요. 그분들이 청문회 때 와서 증언 안 했으면 몰랐어요, 전혀 몰랐어요, 어떤 상황인지 어떻게 돌아갔었는지. 근데 그때 보니까 그거 똑같더라고. 우리가 똑같은 짓 당했고 다만 다른 게 우린 그나마 여럿이 같이 있다는 거지. 그래서 얘네들이, 위에서 정치하는 사람들이 무시를 못 한다는 거지. 한편 대구에서는 우리 쪽을 부러워할 수도 있을 거라는 생각은 들어요. 자기네들도 저렇게 똘똘 뭉쳤으면 이렇게 안 그랬을 텐데…. 모르겠어, 지금은 그러고 있는 거 같으니까.

면담자 전망은 어떠세요?

동수 엄마 모르겠어요. 전망은 쳐다도 안 보고 그냥 가는 거 같으니까…. 저 같은 경우는 여러 가지 신경 쓰고 싶지도 않아요, 머리 아프고. 그냥 가는 거 같애, 안 하면 안 되니까. 그냥 가만히 있을 수 없으니까, 내가 가야 될 자리는 가는 거 같애. 그래서 학교도 가고 교육청도 가고, 그래도 학교는 저 상태로 유지됐으면 좋겠어요. 내 욕심일지 모르겠지만 저는 제2의 사건 현장이라고 생각해요, 학교가. 물론 세월호가 사건 현장 맞잖아요. 보존해야죠, 세월호도. 그렇지만 저는 학교도 제2의 사고 현장이라고 봐요. 사고는 학교에서부터 났잖아. 솔직히 학교에서부터 났기 땜에 저는 학교가 제2의 현장이라고 생각해요. 지금 재학생들 피해자라고 생각하겠죠, 자기네들도.

그렇지만 가린다고 그래서 없어지나요? 아니라 생각해요. 그거 보고 다른 사람들도, 교육하는 사람들도 알아야 된다고 생각해요.

그래야 다른 학생들이 이런 사건, 이런 일 안 당할 거 아냐. 가린다고 없어진다고 해서 없어져요? 안 없어지잖아요. 사건 현장을 왜 없애요? 보존해야지, 두고두고 교육 삼아야지. 우리 딸이 그러더라구요. "일본은 사건 현장 안 없앤다" 하더라구요. 어떤 경우에도 그 보존을 하고 그걸 관광 명소로 해서 "이 사건 현장이 이랬었다" 하면서 이거를 교훈 삼아 두루두루 한다 하더라구요. "왜 없애려고 하는지 이해 안 간다. 우리나라는" 우리 딸은 "학생이 그러더라 학생이" [하고 이야기하더라고요]. 근데 부모들은 무조건 다 없애려고…. 그게 우리나라 교육이었던 같아요, 그전부터. 근데 바뀌어야 된다고 생각해. 아픈 거지만, 비록 아픈 거지만 아픈 것도 과거잖아요. 그건 지켜야 된다고 생각해요. 그걸 지키려고 노력할 거고. 45분이네, 가야겠네.

면담자 혹시 마지막으로 하시고 싶으신 말 있으세요?

동수 엄마 글쎄요, 전 생각나는 게 없어 갖고(웃음).

면담자 더 하고 싶으신 말씀 있으면 나중에 다시 하셔도 되니까요. 가셔야 된다고 하시니까 동수 어머니의 구술증언은 여기까지 하겠습니다. 감사합니다.

4·16구술증언록 단원고 2학년 7반 제3권

그날을 말하다 동수 엄마 김도현

기획 편집 4·16기억저장소 | **지원 협조** (사)4·16세월호참사가족협의회

펴낸이 김종수 | **펴낸곳** 한울엠플러스(주)

초판 1쇄 인쇄 2020년 4월 1일 | **초판 1쇄 발행** 2020년 4월 16일

주소 10881 경기도 파주시 광인사길 153 한울시소빌딩 3층

전화 031-955-0655 | **팩스** 031-955-0656 | **홈페이지** www.hanulmplus.kr

등록번호 제406-2015-000143호

Printed in Korea.

ISBN 978-89-460-6764-6 04300

978-89-460-6801-8 (세트)

* 책값은 겉표지에 표시되어 있습니다.